农机社会化服务对玉米种植户劳动生产率的影响研究

杨思雨 著

经济日报出版社
北京

图书在版编目（CIP）数据

农机社会化服务对玉米种植户劳动生产率的影响研究 / 杨思雨著. -- 北京：经济日报出版社，2024. 11.
ISBN 978-7-5196-1517-8

Ⅰ．F326.11

中国国家版本馆CIP数据核字第2024GU4316号

农机社会化服务对玉米种植户劳动生产率的影响研究
NONGJI SHEHUIHUA FUWU DUI YUMI ZHONGZHIHU LAODONG SHENGCHANLÜ DE YINGXIANG YANJIU

杨思雨　著

出　　版：	经济日报出版社
地　　址：	北京市西城区白纸坊东街2号院6号楼710（邮编100054）
经　　销：	全国新华书店
印　　刷：	北京文昌阁彩色印刷有限责任公司
开　　本：	710mm×1000mm　1/16
印　　张：	14
字　　数：	200千字
版　　次：	2024年11月第1版
印　　次：	2024年11月第1次印刷
定　　价：	62.00元

本社网址：www.edpbook.com.cn，微信公众号：经济日报出版社
未经许可，不得以任何方式复制或抄袭本书的部分或全部内容，**版权所有，侵权必究。**
本社法律顾问：北京天驰君泰律师事务所，张杰律师　举报信箱：zhangjie@tiantailaw.com
举报电话：010 - 63567684
本书如有印装质量问题，请与本社总编室联系，联系电话：010 - 63567684

前　　言

农业劳动生产率的提高是中国农业现代化的重要特征。美国著名经济学家舒尔茨曾指出，解决"三农"问题的途径是把弱小的传统农业改造成高生产率的经济部门，即农业现代化的目标为提高农业劳动生产率。随着中国城镇化进程加快，农机社会化服务迅速发展，可用来解决中国农业小规模经营的问题。在现实中，农机社会化服务通过机械作业替代了劳动力要素，解决了中国农村存在的"谁来种地""怎样种地"的问题，对提高农业劳动生产率发挥了重要积极作用。那么，农机社会化服务的发展是否能影响劳动生产率？如是，农机社会化服务对劳动生产率的影响机制又是什么？

农业劳动生产率的增长主要源于：一方面在经营规模和劳动投入不变的情况下，土地生产率的提高，即增加单产，会提高劳动生产率；另一方面，在土地生产率不变的情况下，扩大劳均经营规模，会提高劳动生产率。土地单产的提高更多地依赖于要素投入和全要素生产率的提高，而劳均经营规模的扩大则需要通过扩大经营规模或者减少单位面积上的劳动力数量来实现。

本书基于现有理论分析、数理推导和现实观察，构建了农机社会化服务影响劳动生产率的理论框架；然后依据宏观数据，总结了中国农机社会化服务和粮食生产的现状；利用2019年中国农业大学国家农业农村发展研究院对中国13个省份开展的调查数据，深入剖析了农机社会化服务对劳动生产率的影响及影响路径。从农机社会化服务对土地生产率的影响和农机社会化服务对劳均经营规模的影响出发，验证农机社会化服务对农业劳动生产率的影响机制。核心研究内容包括：农机社会化服务对劳动生产率的影响、农机社会化服务对土地生产率的影响、农机社会化服务对土地经营规模的影响、农机社会化服务对劳动力转移的影响。

农机社会化服务在助力经济结构转型、调节资源配置、提高农业劳动生产率等方面发挥了重要的作用，同时也被赋予了促进粮食增产、扩大经营规模、促进农户劳动力转移和推动农业现代化的使命。农机社会化服务为粮食生产各环节提供专业化分工，使农业机械生产替代人工劳动，打破了由缺乏供给弹性的生产要素对粮食生产造成的限制，带来了劳动生产率的提升。

与现有研究相比，本书的创新主要体现在研究视角和研究内容方面。本研究的不足主要在于虽聚焦于农机社会化服务对玉米劳动生产率的影响效应，重点关注了如何通过农机社会化服务影响土地生产率、经营规模、农户劳动力转移，但缺乏考虑农机社会化服务对其他方面的影响效应，诸如农机社会化服务可能会影响农户福利、农业生产绩效等。关于此类问题，后续值得深入考察。

本书受北京联合大学应用科技学院学术著作基金资助出版。

杨思雨
北京联合大学
2024 年 6 月

目　　录

第一章　绪论 ………………………………………………………… 1
　第一节　研究背景 ………………………………………………… 1
　第二节　研究意义 ………………………………………………… 3
　第三节　文献综述 ………………………………………………… 5
　第四节　研究目标和研究内容 …………………………………… 19
　第五节　研究方法及数据来源 …………………………………… 22
　第六节　技术路线 ………………………………………………… 25
　第七节　研究创新 ………………………………………………… 26

第二章　理论分析 …………………………………………………… 28
　第一节　概念界定 ………………………………………………… 28
　第二节　农机社会化服务影响劳动生产率的理论分析 ………… 30
　第三节　农机社会化服务影响土地生产率的机制分析 ………… 33
　第四节　研究农机社会化服务对劳均经营规模的影响 ………… 36
　第五节　农机社会化服务效果的生产环节间的差异 …………… 40
　第六节　本章小结 ………………………………………………… 41

第三章　农机社会化服务与中国粮食生产现状分析 ……………… 43
　第一节　中国粮食生产现状 ……………………………………… 43
　第二节　中国农业机械化发展现状 ……………………………… 60

· 1 ·

第三节　农机服务发展现状 …………………………………… 69
　　第四节　中国农业劳动生产率现状 …………………………… 73
　　第五节　本章小结 ……………………………………………… 75

第四章　农机社会化服务对劳动生产率的因果检验 ……………… 76
　　第一节　问题的提出 …………………………………………… 76
　　第二节　模型、数据与变量 …………………………………… 77
　　第三节　实证结果与分析 ……………………………………… 81
　　第四节　本章小结 …………………………………………… 101

第五章　农机社会化服务对土地生产率的影响 …………………… 103
　　第一节　问题的提出 ………………………………………… 103
　　第二节　模型和变量设定 …………………………………… 104
　　第三节　实证结果与分析 …………………………………… 108
　　第四节　本章小结 …………………………………………… 129

第六章　农机社会化服务对土地经营规模的影响 ………………… 130
　　第一节　问题的提出 ………………………………………… 130
　　第二节　模型和变量设定 …………………………………… 132
　　第三节　实证分析 …………………………………………… 137
　　第四节　本章小结 …………………………………………… 157

第七章　农机社会化服务对农户劳动力转移的影响 ……………… 158
　　第一节　问题的提出 ………………………………………… 158
　　第二节　模型和变量设定 …………………………………… 160
　　第三节　实证分析 …………………………………………… 168
　　第四节　本章小结 …………………………………………… 182

第八章　主要结论与政策建议 ………………………………… 183
　　第一节　主要研究结论 ………………………………………… 183
　　第二节　政策建议 ……………………………………………… 185
　　第三节　不足之处和未来研究方向 …………………………… 189

参考文献 ………………………………………………………… 190
附录 ……………………………………………………………… 207

第一章 绪　　论

第一节　研究背景

当前，中国正处于农业转型的关键时期。实现农业现代化、完成农业转型的核心就在于提高农业劳动生产率。农业转型是指传统农业转变为现代农业的过程。基于各国农业转型的普遍规律和发展经验来分析，梯莫尔将农业转型划分为四个发展阶段（关佳晨，2021）：一是莫舍尔阶段，二是约翰斯顿-梅勒阶段，三是舒尔茨-拉坦阶段，四是约翰逊阶段。在第一和第二阶段，农业部门通过多种方式来支持非农业部门，农业劳动生产率与非农业劳动生产率的差距逐渐扩大；当出现梯莫尔拐点后，农业转型达到第三阶段，开始出现工业部门反哺农业部门的情形，农业劳动生产率得以快速提升，农业劳动生产率与非农业劳动生产率的差距开始缩小；等达到第四阶段时，农业劳动生产率与非农业劳动生产率在较高水平上相等，农业现代化得以实现，也完成了农业转型。

有关资料显示，2004 年以前中国正处于农业转型的第一和第二阶段，当时为了大力推进工业化进程和发展国民经济，国家采取了以农业补充工业的发展策略。2004 年开始，中国进入农业转型的第三阶段，国家发展策略转变为工业反哺农业。2018 年中央一号文件提出："到 2035 年，乡村振兴取得决定性进展，农业农村现代化基本实现""到 2050 年，乡村全面振兴，农业强、农村美，农民富全面实现"。因此，中国农业转型的第三阶段将一直持续 30 年，到 2035 年左右开始进入农业转型的第四阶段，最后到2050年左右农业劳动生产率与非农业劳动生产率在较高水平上相等。

党的十七届三中全会提出，发展现代农业，必须按照高产、优质、高效、生态、安全的要求，加快转变农业发展方式，推进农业科技进步和创新，加强农业物质技术装备，健全农业产业体系，提高土地产出率、资源利用率、劳动生产率，增强农业抗风险能力、国际竞争能力、可持续发展能力。农业政策同农业发展实践相结合，表明有可能即将发生中国农业发展的技术路径转型，农业适度规模经营与剩余劳动力转移是农业劳动生产率提高的必备条件。考虑到中国农业劳动生产率较低，可以通过农机社会化服务来合理配置农业生产要素，以保证高效率的农业发展。

与此同时，在工业化和城镇化背景下，中国"增机减人"的趋势不可逆转。大量农机投入农业生产，使得农业劳动生产率得到提高，并从高强度的传统农业劳动中释放劳动力。随着农村劳动力的大量非农转移和农民"懒庄稼"现象的出现，探索出农业机械化的中国特色模式——农机社会化服务势在必行。从根本上来看，农机社会化服务缓解了中国农户的小规模经营与大马力农机作业之间的矛盾。中国家庭联产承包责任制实施以来，人畜力不再是主要的农业生产方式，农机装备在农业生产中发挥着越来越重要的作用。国家农机总动力从1952年的18.4万千瓦快速上升至2020年的10.56亿千瓦，中国农作物综合机械化率在2020年达到70%，其中玉米、小麦、水稻等主要粮食作物基本实现耕种收环节全程机械化。

农机社会化服务是当下中国农业发展中的一个重大制度创新。党的十九大报告明确指出，健全农业社会化服务体系，实现小农户和现代农业发展有机衔接。这进一步表明了我国对农业社会化服务的高度重视。截至2023年12月，全国各类农业社会化服务组织总数超过107万个，有效解决了"谁来种地""怎样种地"等问题。在农业社会化服务体系中，农业机械是其主要的构成部分之一，也是广大农户最欢迎、受益最直接的服务。在今后较长时间内，中国农业生产主体仍是小规模农户，农机社会化服务可以帮助小规模农户更好地融入现代农业。

中国农业处于从传统农业向现代农业过渡的进程，发展壮大农机社会化服务，提高农业劳动生产率，是农业转型的重要手段。党的十九大报告指出："我国经济已由高速增长阶段转向高质量发展阶段""不断增强我国经济创新力和竞争力"。谁来种地与粮食安全问题日益严峻，国际农业市场竞争日益激烈，对农业劳动生产率的研究显得尤为重要。

尽管农机社会化服务与农业劳动生产率都是农业经济学研究中的重大热点问题，相关研究文献较多。但针对农机社会化服务影响劳动生产率的研究相对较少，因此本书关注的核心问题为农机社会化服务究竟对劳动生产率产生何种影响？分解核心问题，本书提出以下几个问题：（1）厘清农户采纳农机社会化服务对劳动生产率的影响机制；（2）农机社会化服务对土地生产率有何影响；（3）农机社会化服务对劳均经营规模有何影响；（4）农机社会化服务对土地经营规模有何影响；（5）农机社会化服务对劳动力转移有何影响。围绕上述问题，本书结合理论分析和实证分析的多种方法进行深入研究。

第二节 研究意义

一、现实意义

粮食产量连年丰收和农村劳动力大量转移的反向关系凸显发展农机社会化服务的重要性。2021年中国粮食产量实现"十八连丰"，全国粮食作物的总产量达到13657亿斤，而中华人民共和国成立初期只有2263.6亿斤。全国粮食产量不断创新高，现代中国农机装备的力量功不可没。农家子弟怕种田，总想"鲤鱼跳龙（农）门"，不过，现在的中国农村，种田已经彻底颠覆了传统耕种模式，不再是"脸朝黄土背朝天"，许多农民甚至可以不用天天下地耕作，就能够种好自己的一亩三分地。

服务规模化、合理分工以及有效的匹配与组合促进农业生产率与竞争力提升，成为中国农业发展的现实选择。小农户作为中国农业生产的基本单位，农户生产规模难以突破土地经营规模与农业生产率的反向关系的规模区间。通过农业分工深化，农业生产各环节服务效率提高、服务规模扩大，农业有可能获取规模报酬。实现农业现代化的必由路径是走农业机械化道路，实现农业现代化需要不断提高农业劳动生产率，让农业劳动生产率和非农劳动生产率在较高水平上相等。农村劳动力的兼业化、老龄化和女性化，导致农户难以完成全部粮食生产环节，催生了农业对农机社会化服务的需求；农业机械和技术的发展使社会化服务组织可对玉米生产进行规模化和专业化作业，促进了农机社会化服务的供给。

农机社会化服务能够将小规模农户生产融入现代农业发展轨道，并分享分工经济。着眼于中国人多地少、大国小农的国情和农情，在乡村振兴背景下，把小规模农户引入现代农业发展轨道，积极发展农机社会化服务是现实的选择。农机社会化服务作为对农户生产要素的合理配置行为，为广大小规模农户解决了耕种收难题，降低了劳动强度，把农民从土地中解放出来。中国农业生产正在从土地规模经营转变为土地规模经营和服务规模经营并存，而且服务规模经营表现出积极的发展态势。

二、理论意义

尽管有关农机社会化服务、农业劳动生产率的研究都已取得了一定的成果，但大多相关研究却忽视了农机社会化服务对劳动生产率的影响。有鉴于此，本研究从劳动生产率角度研究农机社会化服务对劳动生产率的影响，以期验证农机社会化服务是否可以促进劳动生产率的提高，分析农机社会化服务对劳动生产率的影响机制。

已有研究论证了实物意义上农业劳动生产率可以分解成劳均经营规模与土地生产率等部分，但有必要考虑农机社会化服务对劳均经营规模、土地生产率的影响，并且劳均经营规模可以从土地经营规模、劳动力转移两条主线来研究，进一步地，可以研究农机社会化服务对土地经营规模、劳动力转移的影响。上述问题的解决具有一定现实意义，能够为现今中国农机社会化服务作用于粮食生产的相关政策的制定和完善提供依据及启示。

第三节 文献综述

一、农机社会化服务的提出

近些年，农业社会化服务在中国农业生产领域蓬勃发展，转变了农业生产方式与提高了农业生产效率（孙顶强等，2016）。实际上，农业社会化服务的重要组成部分——农机社会化服务已经在中国蓬勃发展多年（张宗毅和杜志雄，2018）。部分学者认为（宗锦耀，2008；白人朴，2011；张宗毅和杜志雄，2018），不同于欧美国家以大农场路径来发展农业机械化，中国探索了以社会化服务为重点的具有中国特色的农业机械化道路，完成了小规模农户与大农业生产的对接。在小规模农户作为主体的现实背景下，农业机械化水平获得了迅速提升。虽然农机社会化服务成本较高，但农户只需每年支付服务费就能实现农业机械化生产。中国国土辽阔，农业生产区域跨越多个纬度，小麦在南北方的成熟时间存在差异，这使得20世纪90年代起步的农机可实现跨区作业，即农机社会化服务的雏形。收获环节的时间跨度令农机跨区作业规模不断扩大，从而可以与高价值农机的最小经济规模相适应（Zhang et al.，2017）。

自1978年开始实施家庭联产承包责任制，从事农业生产的劳动力急剧下降，中国大量农村劳动力的非农转移促进了非农部门经济快速增长。中国农场规模平均低于1公顷，土地细碎化程度高，然而中国粮食产量稳步增长，我们认为这种矛盾的产生一定程度上可以由农业机械化程度增加来解释（Yang J et al.，2013）。尤其是2004年，农机购机补贴政策的实施使农业机械化发展加快，农机社会化服务也得到迅速发展，并结合大型农机和专业劳动力实现社会分工。

从1985年到2018年，按机器消耗的能源计算，中国的机械使用量增长了近7倍，从1985年的约1.5亿千瓦增至2018年的约10.0亿千瓦。总而言之，农业机械使用量的增长是巨大的。与此同时，中国农村地区的农民工资开始大幅上涨,被认为是刘易斯拐点的到来(Zhang et al.,2011),农业劳动力市场面临显著紧缩约束,从需求方面看,推动了机械化的发展;从供给方面来看,用机械来代替人畜力已经成为一种不可逆转的趋势。

近十年来中国农业机械化仍在持续。一方面,农村劳动力不断转移使农业劳动力价格(工资)上涨,另一方面,2004年农机购置补贴政策开始施行,农机购置成本得以降低。农业机械与劳动力相对成本下降,诱发农户的机械需求,推动农户采用农业机械来实现劳动的节约(蔡键和刘文勇,2019;曹阳和胡继亮,2010;侯方安,2008)。在土地稀缺的经济中,农业机械的采用导致了佃农流离失所,而在土地丰富的经济中,随着农业机械的采用,传统的土地使用权受到影响。机械化往往被认为对农业就业产生负面影响(Pingali P,2007),在亚洲小型农场使用农机服务来完成短期农业生产,可以使小型农场不必进行昂贵的农业机械投资(Alfred Marshall,1920;Ruttan,2001)。Otsuka(2013)进一步指出,只有规模较大的农场才会进行大型农机的机械化投资。此时,在不改变家庭联产承包责任制的基础上,不转变农民的土地财产权利,以农机社会化服务为代表的服务规模经营一定程度上解决了农户家庭经营的土地细碎化问题(孔祥智和钟真,2017),发掘了一条土地规模经营之外进行农业适度规模经营的新道路,从而使小规模土地也同样具有规模效率的潜力(仇叶,2017)。不少学者的实证研究指出,农业机械是可以相容于小规模农户家庭经营的,并不是必须规模化经营才能与农机社会化服务相适宜,农机社会化服务能够打破"田埂"的制约(刘凤芹,2006;曹阳和胡继亮,2010)。

"土地规模经营"和"服务规模经营"的二元规模化,构建了中国农业规模经营的现实图谱(胡凌啸,2018)。据农业农村部统计,至2016年底,中国约有97%的农户(约为2.6亿户)土地经营规模不超过50亩。在农场平均规模只有0.5公顷的中国,农机社会化服务既把农户卷入了分工活动,又发展了快速的农业机械化(Zhang X et al.,2017)。在家庭联产承包责任制和农户小规模农业经营的约束下,在人均土地经营规模没有实质性扩大的情况下，中国农业以农机社会化服务开辟了一条有特色的农业机械化路径，保证了国家粮食安全。特别是在没有变更基本经营制度的前提下，对农业生产环节进行的专业化分工，推进农机社会化服务，把劳动力从土地中释放出来，以使小规模农户有机衔接现代农业（李谷成，2018）。

过去农户主要通过农机购置来采纳、获取农机技术。但是，2000年以来，中国的农业劳动力成本不断提高，农村老龄化、女性化现象严重，并且农户经营规模较小，纵使农机购置补贴降低了农机购置成本，但小规模农户较低的农业收入仍难以承担相对昂贵的机械购置成本，这使得农户不再采用农机购置途径来实现农业机械化。这就解释了中国农户为何更倾向于以农机社会化服务来替代劳动，而不是自购农机替代劳动。

不只中国，其他国家农机社会化服务也被农户普遍采用。在亚洲的印度尼西亚，当农业部门与非农业部门的实际工资水平均普遍提高时，相当多的农户采用农机社会化服务和租用土地，扩大农地经营规模，从而诱发了农业机械对劳动的替代（Yamauchi F，2016）。农机社会化服务在非洲也逐渐普遍起来，首先由于农业劳动力的工资一直在上涨，使得农业生产的机会成本增加，对农业生产率和小规模农户福利产生负面影响（Takeshima H et al.，2013）；其购置农机的农户可以为买不起农业机械的农民提供及时且负担得起的机械化服务。自2007年以来加纳一直向农民个人和私营企业提供农业机械补贴，为加纳各地的小规模农民提供农机社会化服务，其农机社会化服务主要集中在土地整理服务、耕作服务（Houssou N et al.，2013）。尼日利亚政府投资于农业机械化作业所需的机械，来降低农机作业的成本，推动小规模农户采用农机社会化服务（Akinola A A，1987）。

现有研究从以下两个角度对农机社会化服务进行了丰富的阐释。一是从社会分工角度解释了产生农机社会化服务的内在机理。由于短期内难以有效实施土地流转，为了快速推广农业机械技术，以社会分工方式催生为农户提供农机服务的新产业，成为小规模农户经营模式下最有效的方法。蔡键和刘文勇（2017）指出在国家加大农机购置补贴和劳动力成本上升的情况下，劳动力成本相较于机械成本越来越高，使得农户滋生对农机的需求，然而农机购置成本较高，小规模农户难以支付。此时，社会分工的产物——农机社会化服务可以分担农机的使用成本，并满足农户对农机的需求。罗必良（2017）则提出工业生产的迂回程度远高于农业生产，农业部门从工业部门购买机械来"进口"迂回生产与分工经济的成果，进而获得部分的效率提高。

二是从诱致性技术变迁理论视角进行阐释。一个国家或地区所属的农业内部改变了劳动力与土地的相对稀缺状况，使得相较于资本价格，其劳动力和土地变化较大时，诱导了新的创新，即节约价格相对较高、相对稀缺要素的技术会获得引入和推广（Hayami and Ruttan, 1985）。非农产业的扩张，吸收劳动力到非农产业就业，从而使得劳动力要素更为稀缺，投入农业产业的可能性降低。农业技术变迁方向发生转变，诱导农户对节约劳动型技术——农机技术产生相当大的需求。Futoshi Yamauchi（2016）的研究发现劳动力成本的增加会诱使很多农户采用农机社会化服务或机械租赁的方式，以机械替代劳动力来扩大经营性耕地。并且实际农业工资的上涨仅对农机社会化服务或机械租赁有显著影响，而对机械投资则没有影响。

二、劳动生产率的影响因素

从改革开放开始，中国农业劳动生产率得到大幅提升，但其整体水平仍低于世界平均水平，提高农业劳动生产率刻不容缓。劳动生产率的影响因素分析一直是学术界关注的热点之一。实物意义上农业劳动生产率可以分解成劳均经营规模与土地生产率，主线上可通过扩大劳均经营规模与提高土地生产率来提高农业劳动生产率（高帆，2008）。

除了劳均经营规模（许经勇，1995；黄云鹏，2003；赵佳和姜长云，2015；冒佩华等，2015）与土地生产率（高帆和尹晨，2020）会影响农业劳动生产率，技术要素、土地经营规模和土地质量、劳动力数量、劳动力转移以及劳均资本、资本深化与结构转化、制度安排等也会影响农业劳动生产率。第一类文献认为技术要素会影响农业劳动生产率。最早舒尔茨

(1964)提出引入技术要素会提高农业劳动生产率,并促进传统农业转变为现代农业。速水佑次郎和弗农·拉坦(1985)进一步具体指出机械技术要素能够提高劳动节约型的劳动生产率。杨福霞等(2019)则指出农业机械化发展的技术进步是提高劳动生产率的主要动因。

第二类文献指出土地经营规模和土地质量会影响农业劳动生产率。大多数文献表明土地经营规模与劳动生产率间存在正相关关系(Byiringiro and Reardon,1996;李谷成等,2009;辛良杰,2009;王亚辉等,2017)。但是也有部分学者指出土地经营规模与生产效率间呈现负相关关系,其中较为著名的是林毅夫(2005)以及Fleisher和Liu(1992),他们基于农户调查数据得出,土地经营规模与生产率之间呈现出反向关系。由此,土地经营规模会对劳动生产率产生显著影响,但影响方向并不确定。此外,王士春等(2011)通过扩展的CD生产函数分析得出土地质量会对农业劳动生产率产生显著作用。

第三类文献指出劳动力数量、劳动力转移以及劳均资本会影响农业劳动生产率。汪小平(2007)认为增加劳动力数量能通过提高土地生产率来提升劳动生产率。在此基础上,宋连久等(2009)还发现人力资本投入和劳动力资金装备也会影响农业劳动生产率。李谷成(2015)证实劳均资本与劳均经营规模能够对劳动生产率产生正向作用。进一步讲,农村劳动力转移可以通过显著提高劳均资本(李静,2013),促进农业劳动生产率的增长。

第四类文献认为资本深化与结构转化会影响农业劳动生产率。资本深化与结构转化是农业劳动生产率的重要影响因素(高帆,2010)。农业结构转化能显著促进农业劳动生产率的增长,农业产业结构由低收入弹性转化为高收入弹性(成德宁和李燕,2016),会对农业劳动生产率产生提升作用。

第五类文献则提出制度安排也会影响农业劳动生产率。魏巍和李万明(2012)通过比较全国范围内的微观调查数据,发现制度安排同土地生产率、土地经营规模一样会影响农业劳动生产率。

三、农机社会化服务对农业生产的影响

（一）粮食土地生产率

土地生产率是以单位面积产量为指标（王建英等，2015；唐轲等，2017），衡量土地的利用效率。传统观念认为，影响粮食土地生产率的主要因素是种子、化肥、农药、水等。现有研究也表明农业技术进步、种植规模、农村劳动力、机械化水平、农业补贴等都会对单位面积粮食产量造成影响（王欧等，2016；钟甫宁等，2016；伍骏骞等，2017；王晶等，2018）。农业机械化水平是评价农业生产力的关键因素，也是衡量粮食土地生产率的重要指标。2004年，全国人大常委会出台了《农业机械化促进法》，逐年提高对农机的补贴金额，推动农业现代化战略，提升国家粮食生产能力。与此同时，农业机械相关方面对土地生产率的影响也开始引起学者的关注，有关研究主要分为两个方面：一是基于农业机械视角分析其对土地生产率的影响。有学者认为农业机械的使用能够促进农业技术进步，对提高粮食土地生产率具有显著作用，并假设低土地生产率和高土地生产率农户都能平等地受益于农业机械的使用（Benin，2015；Liu et al.，2016；Wang et al.，2016；Ma et al.，2018；Paudel et al.，2019；Takeshima et al.，2020）。周振和孔祥智（2019）得出农业机械化对粮食产出具有显著的正向影响，且影响弹性为1.28。Yamauchi F（2016）基于印度尼西亚的数据，认为农业机械化可以促进农业增产。Ma Wangling 等人（2018）基于中国493个农户调查数据，得出农业机械的使用对玉米单产具有显著的积极影响，使用农业机械会使玉米单产提高74公斤/亩。

然而，上述研究大多聚焦于农业机械对土地生产率所带来的同质生产效应。由于家庭和农场层面的特点和社会经济条件的差异，农业机械的使用可能会对低土地生产率和高土地生产率农户的作物产量产生不同的影响（FAO，2013；Adekunle et al.，2016；Foster and Rosenzweig，2017；Adu-Baffour et al.，2019；Yi et al.，2019；Takeshima et al.，2020）。当采用农

业机械只对高产农户的作物产量产生积极影响，那么发展农业机械化就不是提高土地生产率和农村家庭福利的公平有效的政策选择（FAO，2018）。因此，了解采用农机影响作物土地生产率的异质性效果具有关键的政策意义。Zhou X 等（2020）应用分位数回归模型，得出在选定分位点（80%分位点除外）上，农业机械的使用显著提高了玉米单产；并且通过使用农机，相对于高生产率的农户，低生产率的农户的玉米单产提升更多。但是 Binswanger（1986）通过综合分析发展中国家和发达国家的农业经验，发现农业机械对粮食生产的增产作用只发生在特定环境下，农业机械必须要配合高品质的种子化肥投入，否则难以实现增产。Ito（2010）则通过构造中国各县级单位的机械发展指数，得出 1991—2004 年机械发展指数对中国农业产出的贡献率未发生较大变化。

二是基于农机社会化服务的视角分析其对土地生产率的影响。除直接关注要素投入量，农机社会化服务有效促进土地生产率的效应也得到验证（王玉斌和李乾，2019），其中耕地、灌溉排水环节农机服务对水稻单产存在显著的促进效应，而植保环节服务没有呈现显著的作用。陈超等（2012）基于江苏省三县四年的跟踪调查数据也发现插秧和病虫害防治环节社会化服务对水稻单产存在显著正向影响，收割环节社会化服务对水稻单产则不存在显著影响，主要因为收割环节不属于生产环节，并不能对水稻产出造成客观影响。区分社会化服务异质性，可把不同环节社会化服务归纳为技术密集型环节社会化服务和劳动密集型环节社会化服务，其中技术密集型环节社会化服务（播种、植保病虫害防治环节）是由具有先进种植技术的农户或专业化社会化服务组织来代替掌握技术有限的小规模农户从事技术性较强的生产环节；劳动密集型环节社会化服务（耕地、灌溉排水和收获环节）主要是机械对劳动的替代，社会化服务中农机的使用加速了劳动力投入的节约，对水稻单产可能影响较小。张忠军和易中懿（2015）认为社会化服务对水稻单产具有显著正向影响、劳动密集型环节社会化服务对水稻单产不具有显著影响、技术密集型环节社会化服务对水稻单产具有显著的正向影响。

（二）土地经营规模

在中国农村，由于粮食生产的收益相对较低，农户通过扩大土地经营规模来获得农业规模经济，进而提高农户家庭总收入。然而，扩大土地经营规模经常会受到农业经营风险较高（孙良媛、张岳恒，2001）、劳动力成本较高（钟甫宁，2016）、缺乏资金信贷（王吉鹏等，2018）等因素影响，这些因素限制了农户进行土地规模经营。中国实现农业现代化最大的体制性障碍就是小农经济，改造小农经济就是推进农业现代化、发展现代生产力的必然要求（林善浪，2000）。近几年，农机社会化服务在中国农业产业中迅速发展，使农业生产能力得到了提升，并推动了农业经济发展，与此同时削弱了发展农业生产的制约因素（杨子等，2019）。

姜松等（2016）基于 CHIP 数据，实证分析得出灌溉服务、机耕服务、植保服务和种植规划服务显著正向作用于适度规模经营。刘强和杨万江（2016）基于国家水稻产业农户调查数据也获得了类似的研究结论，农机社会化服务对土地规模经营具有正向影响，其中产中和产后环节服务更为显著地作用于农户土地规模经营行为。另外，随着土地经营规模的扩大，有必要强化农业生产性服务市场的发育能力，进而实现农业经营方式的转型（陈昭玖和胡雯，2016）。农户土地经营规模的扩大促进了农业机械与农业技术的发展，土地适度经营规模对农机社会化服务存在正向影响效应（曹阳和胡继亮，2010；蔡荣和蔡书凯，2014；蔡键等，2016）。

（三）劳动力转移

实现农业现代化则需要不断提高农业劳动生产率，让农业劳动生产率和非农业劳动生产率在较高水平上相等。农业劳动生产率的增长来自两个方面（Gollin D et al.，2014）：一是土地生产率的提高，即增加单产；二是扩大人均耕地面积。土地单产的提高更多地依赖于要素投入和全要素生产率的提高，而人均耕地面积的扩大则需要通过扩大经营规模或者减少单位面积上的劳动力数量来实现。我国人多地少，通过扩大土地规模来实现农业劳动生产率的增长，可能性并不大，有学者（罗丹等，2017；倪国华和蔡昉，2015）测算出农户适度经营规模为 8～13.3 hm²。因此，扩大人均耕地面积更多地依靠农业劳动力的转移。官方统计中国农业劳动力所占比重为28%（蔡昉，2017），若按照实现农业现代化所需农业劳动力占比15%计算，仍然需要转移12%的农业劳动力到非农部门，可见推进农户劳动力转移的必要性。

农业机械化是实现农业现代化的必由之路，中国农村劳动力加速向非农领域转移，同时期农业机械化也快速增长。国内许多学者分析并证实了农业机械化与农户劳动力转移之间存在显著关系（李小阳等，2003；祝华军，2005；卢秉福，2014）。实际上农业机械化对农户劳动力转移的推动作用被普遍认同（程名望等，2018；周振等，2016；黄玉祥等，2005）。伴随中国农业劳动力大量外流，农业劳动机会成本持续增加，在以家庭承包为基础的农户小规模经营约束下（王跃梅等，2013），在人均和单个农户耕地规模都没有实质性扩大条件下，为保证国家粮食安全，中国农业采用农机社会化服务走出了一条有特色的农业机械化道路，以服务规模化弥补经营细碎化的严重不足（马九杰等，2019；周应堂，2007），为小规模农户实现较高水平的机械化提供了便利（Wang X et al.，2016）。为解决中国现阶段农机高需求与小规模农户低购买力的问题，可长期采用土地流转方式，改变农户小规模经营现状；但是土地流转后将有大量农民从农业中分离出来，短期内中国的第二、第三产业可能难以提供充足的就业机会。因此，短期内可通过社会分工下的农机社会化服务，把农业劳动力从土地中释放出来，在一定程度上促进农户劳动力转移，把小规模农户引入现代农业发展轨道并分享分工经济（李谷成等，2018）。

（四）农民收入

自2004年，中国农业发展与农民增收进入"增机减人"的新阶段，农民收入的重要影响因素从人畜力转换为农业机械（白人朴，2009）。农机社会化服务对水稻种植户的收入效应主要影响家庭总收入（王全忠等，2015），因为农机社会化服务能够有效替代水稻生产劳动，农户可以兼顾水稻生产劳动和非农生产劳动，进而提高了家庭总收入。许广月（2011）

根据中国 30 个省份 1978—2007 年的面板数据，利用面板误差纠正模型，得出短期内农业机械化不是影响农民收入增长的原因，相反，长期内农业机械化才是促进农民收入增长的原因。现有的实证研究大都忽略了农业机械化与农民收入之间互为因果的内生性问题，导致研究结果存在着偏差。周振等（2016）依照中国全部县域的面板数据，实证分析得出农业机械化对农民收入起到了显著的促进作用。进一步地，李谷成等（2018）的研究构建中介效应检验模型继续论证。由于现有文献缺乏聚焦于不同环节社会化服务影响农户收入的研究，陈宏伟和穆月英（2019）运用内生转换模型，发现采纳农机社会化服务对农户收入的增加效应最高。

（五）粮食生产技术效率

农机社会化服务与粮食生产技术效率都是农业经济学研究中的重大热点问题，相关研究文献较多。然而，在农机社会化服务是否能提高粮食生产技术效率的问题上，学者们基于不同的样本数据，得到不一致的结论。

有观点认为由于农村劳动力的大量转移，农户自家劳动力在数量和质量上都不能满足粮食生产需求，而农机社会化服务标准化程度较高，易于监管，能够有效替代农业劳动力，农户采用农机社会化服务对粮食生产技术效率则存在显著的正向影响（孙顶强等，2016；胡祎，张正河，2018；杨彩艳等，2018；），但是也有学者（孙新华，2013）从劳动分工视角分析，认为农机社会化服务本质上属于雇工劳动，雇工劳动的生产率显著低于农户家庭自用工的生产率，进而农机社会化服务对粮食生产可能存在效率损失。此外，李慧和阴朋莉（2016）基于 2005—2015 年河南省统计数据，采用 DEA - Tobit 模型，得出农业社会化服务对农业生产效率有抑制作用且不显著，其原因可能在于河南省农业社会化服务业水平还不发达。但是已有研究仍然缺乏视角的系统性，且忽视不同环节农机社会化服务的影响差异。

四、农机社会化服务对生产率的影响

(一) 生产率

生产率是指不同资源的利用效率,包括了人力、物力、财力资源。宏观上,生产率是指一国的总产出和与之对应的投入生产资源的比值。一般学术界提到的生产率即全要素生产率(TFP),在生产技术保持不变的条件下,考量生产中总产出与全部要素投入之间的关系(吴义根,2019)。

粮食增长的主要衡量方法为生产率等,闵锐(2012)将湖北省的粮食全要素生产率拆分为技术进步与技术效率,论证粮食生产中技术进步、技术效率的贡献作用。中国粮食安全的有效保障、粮食生产的可持续发展都是关系国计民生的重要课题。此时,提高农业全要素生产率(谢枫,2015),可以促使中国粮食生产健康发展,并对农业产出增长具有重要现实意义。

(二) 农机社会化服务对生产率的影响

从生产率视角来度量生产效率的主要考评指标为土地生产率和全要素生产率,从效率视角来度量生产效率则是技术效率指标。生产率(productivity)和效率(efficiency)定义不同,生产率是指产出除以投入的数值。值得一提的是,全要素生产率有三个来源:技术进步、改善效率、规模效应。全要素生产率是指去掉要素投入(包括劳动、土地、资本等)后的"余值"。而效率则强调有效性,是基于生产率度量后综合了投入冗余或产出损失。

为保障国家粮食安全,优先发展三大主粮的农机社会化服务,主要集中于小规模农户生产成本较高、生产强度较大的农业生产环节。农机社会化服务的不同环节对水稻生产率的影响存在差异,相比以劳动替代为主的农机社会化服务而言,以技术替代为主的农机社会化服务能够带来更大的生产率效应(陈超等,2012)。中国以小规模农户为主的经营主体通过农机社会化服务接受各环节服务,是服务规模经营的重要形式。可将农业生产中农机社会化服务环节细分为劳动密集型农机社会化服务、技术密集型农机社会化服务和半劳动半技术密集型农机社会化服务。

在先前学者研究基础上，部分学者（张忠军和易中懿，2015；王志刚等，2011；段培，2018）将农机社会化服务进行更为细致的划分，其中机耕、收获和排灌环节的劳动强度较大，可通过劳动密集型农机社会化服务来实现；植保环节对技术的依赖性较强，属于技术密集型农机社会化服务；就播种环节而言，一方面，人工播种的劳动强度较大，另一方面，机械播种对技术的要求又较高，由此，播种环节属于半劳动半技术密集型农机社会化服务。

在考虑了中国农业改革后，计算1978年到2015年的生产率（Binlei Gong，2018）。其中，2015年全国农业机械总动力是1978年的8倍多，农业机械的年增长率基本保持在5%以上，是四个投入（劳动力、土地、肥料、机械）中增长最快的，农业机械投入弹性增加，产生溢出效应，对提高农业产量水平作出更大贡献。可见，农机社会化服务对生产率的影响是较为重要的。

学术界普遍认为农机社会化服务对粮食增产具有正向效应，具体可以从提高粮食产量和扩大种植面积两方面来分析（王玉斌和李乾，2019；杨进等，2018；方师乐等，2017；黄玛兰等，2018）。但是在农机社会化服务是否能够提高粮食生产率问题上，学术界一直存在争议。部分学者（廖西元等，2011；王志刚等，2011；蔡荣和蔡书凯，2014；周宏等，2014；胡祎和张正河，2018）认为在农村青壮年劳动力大量转移的背景下，农户自家的农业人工数量与质量难以满足农业生产需要，此时采用农机社会化服务来有效替代农户劳动力，对粮食生产率具有显著的促进作用。并且可让农机社会化服务成为一种新型投入要素，研究其对粮食生产的劳动力替代作用和对科技的引入作用。另一种观点（张忠军和易中懿，2015；孙新华，2013；陈超等，2012；Coelli and Battese，1996）从劳动分工的视角分析，认为农机社会化服务的本质为雇工劳动。家庭自用工和雇工劳动存在一定的差异性，由于可能产生道德风险，雇工劳动相对效率较低，进而内生出较高的监督成本，因此家庭自用工的生产率要显著高于雇工劳动。从而得出农机社会化服务对粮食生产率并不具有显著的促进作用的结论。由此可见，农机社会化服务究竟对生产率有何影响值得深入研究。

（三）农机社会化服务对劳动生产率的影响

中国特色的农业现代化道路是解决"三农"问题的重要举措，要改造低生产率的传统农业为高生产率的经济部门。简言之，农业现代化目标即为农业劳动生产率的提高。通过 Hayami 等分解农业劳动生产率得出，农业劳动生产率可分解为单位面积产量、土地经营规模和劳动力数量。采用农机社会化服务最主要的作用就是对劳动力的替代，由此可以提高劳动生产率。可以把农户采用农机社会化服务对劳动生产率的影响看作是"投入—产出"的黑匣子，假设黑匣子中劳动力数量固定，但农机社会化服务的采纳情况可以增减变化；初期，农户采用农机社会化服务较少，劳动力在粮食生产中得不到有效配置，其作用也难以有效发挥。如果增加该黑匣子中的农机社会化服务采用，就会改善劳动力在粮食生产中的不合理配置行为，让劳动力的作用得以有效发挥（王亚辉等，2017）；此时，黑匣子的"产出"就是提高劳动生产率。

Deborah Winkler（2010）依据 1995—2006 年的投入产出数据，发现服务外包对德国劳动生产率总体上产生了积极影响，在整个期间，服务外包提高了平均每年 0.9%~2.0% 和 9.5%~20.1% 的劳动生产率。Amiti 和 Wei（2010）聚焦于 1992—2000 年的总体劳动生产率，发现服务外包对劳动生产率有明显的积极影响，促进劳动生产率增长了 10%。Egger H 和 Egger P（2001b）基于 1992—1997 年欧洲 12 个国家的统计数据，构建了 CES 生产函数——固定替代弹性，并得出当服务外包提高 1%，低技术水平劳动力的劳动生产率获得 0.53% 的提升。Girma 和 Görg（2003）基于爱尔兰的情况分析得出，服务外包以"干中学"的方式显著正向地影响高技术密集型环节的劳动生产率，而其对低技术密集型环节的劳动生产率并不具有显著影响。薛莲（2014）将服务外包率分别与资本和劳动的对数相乘，并纳入超越对数生产函数中，得出服务外包对其劳动生产率的影响系数为 0.31。

据此总结，外包可以通过重组效应、学习的正外部性和多样化效应三种机制影响生产率。而对于农业劳动生产率而言，服务外包的作用途径则是以学习正外部性与农业生产各环节平均生产率。农机社会化服务促进分工深化，诱导市场容量进一步扩大，进而节约了生产成本，提升了生产率，实现"服务规模经济"（张露和罗必良，2018）。Schultz（1964）更是结合了改造传统农业，认为引入现代要素可以将劳动生产率较低的传统农业部门改造成劳动生产率较高的经济部门。

五、研究现状评述

纵观已有研究成果，学术界已从劳动生产率的影响因素、农机社会化服务的提出及发展历程、对农业生产的影响及其生产率等方面进行了较为深入的研究，并且关于劳动生产率的研究已相当丰富并形成较为充足的研究成果，这为本研究奠定了一定的理论基础。目前，农业劳动生产率偏低仍是制约中国农业发展的关键因素，影响农业转型升级与农民增收，因此提高劳动生产率刻不容缓。为了进一步提高农业劳动生产率，需要充分意识到采用农机社会化服务的重要性。

但是农机社会化服务对劳动生产率的影响研究一直缺乏其应有的关注，农机社会化服务对劳动生产率的影响机制尚有待深入研究，如何更为深入地解决提高劳动生产率的问题，积极发展农机社会化服务的作用不容忽视。

经梳理发现相关文献存在以下不足之处。

一是已有研究大多基于微观视角，探讨劳均经营规模、土地生产率、技术要素、土地经营规模与土地质量、劳动力数量、劳动力转移以及劳均资本、资本深化与结构转化、制度安排等因素对劳动生产率的影响。尽管少量文献关注农业机械、社会化服务等对劳动生产率的影响，但是并没有将农机社会化服务对劳动生产率的影响机制进行详尽的理论探讨和实证分析，研究并不充分。

二是农机社会化服务对土地生产率的影响可以进一步探讨。虽然已有研究表明农机社会化服务影响粮食生产，不过大多聚焦于粮食生产技术效率，而且其研究对象多为水稻作物，鲜有探讨农机社会化服务影响土地生产率的作用机制。

三是农机社会化服务对土地经营规模的影响可以进一步探讨。已有研究成果在考察农机社会化服务对土地经营规模的作用路径方面仍缺乏系统的理论分析；同时，在研究方法上缺乏考量农户所作的不同生产经营决策会产生互相影响的内生性问题。本书更为精准地反映农机社会化服务对土地经营规模的影响，为农户了解与进行土地规模经营决策提供参考。

四是农机社会化服务对劳动力转移的影响可以进一步探讨。现有研究多采用传统的 OLS 回归方法、倾向得分匹配法（Propensity Score Matching，PSM），然而并不能有效处理不可观测变量所导致的遗漏变量内生性问题。鉴于此，本书采用内生转换模型，分析农机社会化服务对农户劳动力转移的影响，并探讨其组群差异。

针对已有文献和现有研究，本书试图在如下方面展开研究工作：一是在广泛查阅文献和实地调研的基础上，农机社会化服务对劳动生产率的影响进行机理研究和实证研究。二是以现阶段中国农户采用农机社会化服务从事玉米生产为例，衡量农机社会化服务对玉米劳动生产率的影响，并得出符合现阶段实际情况的研究结论。

第四节 研究目标和研究内容

一、研究目标

（一）总体目标

农业实现现代化的本质是提高农业劳动生产率，本研究希望可以通过农机社会化服务为打破"谁来种地"的困境提供一种思路，进而提高粮食生产的劳动生产率。

（二）具体目标

目标一：分析农机社会化服务对劳动生产率的影响机制。

目标二：研究农机社会化服务对土地生产率的影响。

目标三：研究农机社会化服务对土地经营规模的影响。

目标四：研究农机社会化服务对劳动力转移的影响。

二、研究内容

（一）农机社会化服务与中国粮食生产现状分析

首先，对中国粮食生产现状进行分析，将中国主要粮食作物（稻谷、小麦、玉米）生产量与国际上作比较，并解释研究作物选择玉米的原因。接着，从粮食播种面积、粮食作物土地生产率、人均耕地面积、农业劳动力投入等方面，分析资源禀赋现状，研究中国粮食产量提高的原因。已有研究指出，农业机械化是中国粮食产量提升的重要原因，然而农业机械化不仅包括农户增加农业机械存量，也包括农机社会化服务的发展。农业现代化的本质是农业收益率追赶非农产业收益率直至趋于一致，而达成这种趋同的关键是农业劳动生产率的提高。这也就提出了研究农机社会化服务对劳动生产率的影响。

其次，分析中国农业机械化发展现状。基于相关统计数据，分析中国农业机械化发展程度的时间、地区差异。分析农机服务发展现状（服务主体的组织化情况、服务面积等），聚焦中央财政对农业社会化服务的支持力度，分析农业社会化服务的政策支撑。

最后，从总体上把握中国农业生产的劳动生产率现状。

（二）农机社会化服务对劳动生产率的因果检验

基于专业化分工理论，利用2019年中国13个省份玉米种植户的调查数据，采用OLS回归模型和倾向得分匹配法，分析了农机社会化服务对劳动生产率的影响效应，探讨影响效应在不同地形条件、兼业程度的组群差异，并考察了不同环节农机社会化服务对劳动生产率的影响差异。

(三) 农机社会化服务对土地生产率的影响研究

在"谁来种地"的现实困境下，农机社会化服务对土地生产率的影响一直是一个值得深入探讨的问题，目前尚不清楚对于高土地生产率与低土地生产率的农户是否同样从农机社会化服务的采纳中受益。本部分通过构建农户采纳农机社会化服务对土地生产率影响的理论模型，利用2019年中国13个省份玉米种植户的实地调查数据，采用OLS回归模型、倾向得分匹配法（PSM）分析农机社会化服务对土地生产率的影响效应及群组异质性。进一步地，基于分位数回归模型分析农机社会化服务在不同土地生产率水平组的影响效应动态变化。此外，采用工具变量的2SLS和GMM估计方法以进行内生性讨论。

(四) 农机社会化服务对土地经营规模的影响研究

为了考察农机社会化服务对土地经营规模的影响，首先进行系统的理论分析和推导农户生产模型，说明农户采纳农机社会化服务缓解了其所面临的资金、技术和劳动力限制条件，有利于农户扩大经营规模。其次基于2019年中国13个省份1048户玉米种植户的调查数据，采用OLS回归模型、三阶段最小二乘法、似不相关Biprobit联立模型和Probit模型，充分考察农户农机社会化服务采纳和经营规模之间同时决策的内生性及其结果，以获取更为准确的无偏估计量。最后实证分析不同环节农机社会化服务对经营规模的影响，检验不同兼业情况、地形条件下农机社会化服务对经营规模的影响。研究结果有助于剖析农机社会化服务和经营规模的关系，为发展农机社会化服务体系和扩大经营规模提供启示。

(五) 农机社会化服务对劳动力转移的影响研究

本研究利用IVTobit模型和系统广义矩估计（GMM）解决农机社会化服务和农户劳动力转移之间互为因果的内生性问题，进行农机社会化服务影响农户劳动力转移的总体估计，并分析不同环节农机社会化服务对农户劳动力转移的影响。应用内生转换模型（ESR）来进行农机社会化服务影响农户劳动力转移的稳健性分析。并实证分析不同兼业情况、地形条件下农机社会化服务对农户劳动力转移的影响。

第五节　研究方法及数据来源

一、研究方法

本研究以文献分析法、理论分析法、统计分析法和计量分析法为主要研究方法，采用理论分析结合实证研究，配套应用定性与定量方法，以揭示农机社会化服务对玉米劳动生产率的影响。

（一）文献分析法

搜集有关农机社会化服务的相关政策文件、学术文献等资料，梳理农机社会化服务的产生背景、演变、发展阶段。通过对相关问题研究现状、前沿以及空缺的了解，定位本研究可以做出的边际贡献。

（二）理论分析法

明确有关概念界定，借鉴前人的理论研究构建较为完善的理论框架，重点聚焦农机社会化服务对劳动生产率的影响机制，为实证分析提供理论支持。

（三）统计分析法

统计分析法可以有效描述研究对象的基本情况，是后续进行实证分析的前提。依据统计和微观调查数据，进行农户采纳农机社会化服务与粮食生产的现状分析，为计量分析提供支撑。

（四）计量分析法

倾向得分匹配法、三阶段最小二乘法、工具变量法、系统广义矩估计、内生转换模型、OLS 回归模型等是农业生产问题中有效的分析方法。本研究参考经典的实证分析后，进行合理的模型设定和变量选择，寻找有效的工具变量对潜在的内生性问题进行矫正。本研究应用的计量分析法将在第四、第五、第六、第七章进行论证,以检验农机社会化服务对玉米劳动生产率的影响。具体实证分析章节所应用的计量分析方法如表 1-1 所示。

表 1-1 实证分析章节所应用的计量分析方法

第四章	农机社会化服务对劳动生产率的因果检验	倾向得分匹配法、OLS、工具变量法
第五章	农机社会化服务对土地生产率的影响	倾向得分匹配法、分位数模型、2SLS、GMM、OLS
第六章	农机社会化服务对土地经营规模的影响	OLS 模型、三阶段最小二乘法、似不相关 Biprobit 联立模型和 Probit 模型
第七章	农机社会化服务对农户劳动力转移的影响	内生转换模型、IVTobit 模型、GMM 模型

二、数据来源

本研究使用的数据主要来自实地调研数据（微观）和统计数据（宏观）。

（一）实地调研数据

本研究所采用的实地调研数据来自 2019 年 1—2 月中国农业大学国家农业农村发展研究院开展的农村调查。该调查每年都会定期开展[①]，主要集中于粮食主产省,地域分布较广。

数据收集采取分层抽样和随机抽样结合的方式,依据产量大、涉及农户多等原则,抽取了全国粮食主产省份,即山东省、江苏省、河北省、安徽省、河南省、湖南省、湖北省、辽宁省、吉林省、黑龙江省、四川省、江西省、甘肃省和内蒙古自治区。然后,从每个省份抽取两个开展了农机社会化服务、粮食产量高、位于该省不同区域、代表该省不同经济发展水

---

① 受新冠疫情影响,2020 年、2021 年的该调查调整为线上小规模调查。因此本研究采用 2019 年中国农业大学国家农业农村发展研究院开展的农村调查。

平的样本县（市、区），从每个县（市、区）抽取两个开展了农机社会化服务、粮食产量高、不同区域及经济水平的乡（镇），最后，从每个乡（镇）抽取两个行政村。行政村的抽取规则为：抽取的两个行政村中至少有1个村开展了农机社会化服务。确定行政村后，依据粮食生产和农机社会化服务开展情况，随机抽取15—20个农户，通过走访、座谈等形式进行问卷调研。问卷包含村级调查问卷和农户调查问卷。调查问卷的设计充分考虑了已有农机社会化服务与粮食生产的相关研究成果，并在正式调研之前随机选取部分农户进行预调查以进一步完善问卷。调研成员由中国农业大学的教师和本科生、硕士生、博士生组成，采取与农户一对一访谈的形式。问卷由调研人员填写，并在问卷回收后由专家对其内容进行审查，对问卷完成质量较高的调研员给予一定的奖励，对完成质量较差的问卷进行剔除，以充分保证每份问卷的真实性。

由于需要研究农机社会化服务对劳动生产率的影响，这种评价必须控制作物的差异，这里仅筛选出玉米种植户以便于研究。该部分问卷调查涉及东北地区（辽宁省、吉林省、黑龙江省）、东部地区（山东省、江苏省、河北省）、中部地区（安徽省、河南省、湖南省、湖北省）和西部地区（四川省、甘肃省、内蒙古自治区）。删除存在逻辑错误、缺乏关键信息、变量缺失等问题的无效问卷后，共收回有效玉米种植户调查问卷1048份，具体包括：山东省样本239份（占总体的22.81%）、江苏省样本14份（占总体的1.34%）、河北省样本161份（占总体的15.36%）、安徽省样本3份（占总体的0.29%）、河南省样本184份（占总体的17.56%）、湖南省样本10份（占总体的0.95%）、湖北省样本37份（占总体的3.53%）、辽宁省样本45份（占总体的4.29%）、吉林省样本82份（占总体的7.82%）、黑龙江省样本40份（占总体的3.82%）、四川省样本76份（占总体的7.25%）、甘肃省样本48份（占总体的4.58%）和内蒙古自治区样本109份（占总体的10.40%）。

（二）统计数据

（1）国家统计局、各省和地级市统计局的统计年鉴,《中国农业年鉴》

《中国农业机械化年鉴》《中国农业机械工业年鉴》《中国统计年鉴》《中国环境统计年鉴》《2020年农民工监测调查报告》等。可利用的数据包括各地区每年的农业产值，农机、灌溉、化肥、农药等要素投入量，农机跨区作业面积，农作物播种面积、产量等数据。国际部分数据主要来自联合国粮食及农业组织（FAO）数据库、世界银行数据库。

（2）国家发展改革委价格司编著的《全国农产品成本收益资料汇编》。可利用的数据包括各省主要农作物品种历年的生产成本与收益，投入要素种类、数量与农产品面积、产量等。

（3）农业农村部关于土地、肥料、农药、农机等细分领域的统计资料。这些数据可以与前面两组数据进行印证和补充。

第六节　技术路线

逻辑上，提高农业劳动生产率的方法一是扩大劳均经营规模，二是提高单位面积产出（即土地生产率）。技术路线主要涉及4个部分：提出问题、现状分析与理论分析、实证分析、结论与政策启示。其中，实证分析部分首先分析农机社会化服务对劳动生产率的影响，然后分析农机社会化服务对土地生产率、土地经营规模、农户劳动力转移的影响。

本研究主要从以下几个角度考察农机社会化服务对劳动生产率的影响（见图1-1）。一是根据中国国情农情、粮食生产现状以及国内外文献提出研究问题。二是概念界定并构建农机社会化服务影响劳动生产率的研究框架。三是基于统计数据分析农机社会化服务与中国粮食生产现状，引出农机社会化服务可能影响劳动生产率。四是基于2019年中国农业大学国家农业农村发展研究院开展的农村调查数据，应用倾向得分匹配法、OLS、工具变量法等进行农机社会化服务对劳动生产率的因果检验。五是利用调查数据，应用倾向得分匹配法、分位数模型、2SLS、GMM等方法分析农机社会化服务对土地生产率的影响。六是利用调查数据，应用三阶段最小二乘法、似不相关Biprobit联立模型、Probit模型、内生转换模型、IVTobit

模型、GMM 模型等方法分析农机社会化服务对土地经营规模、农户劳动力转移的影响。最后，在以上分析的基础上提出研究结论与政策启示。

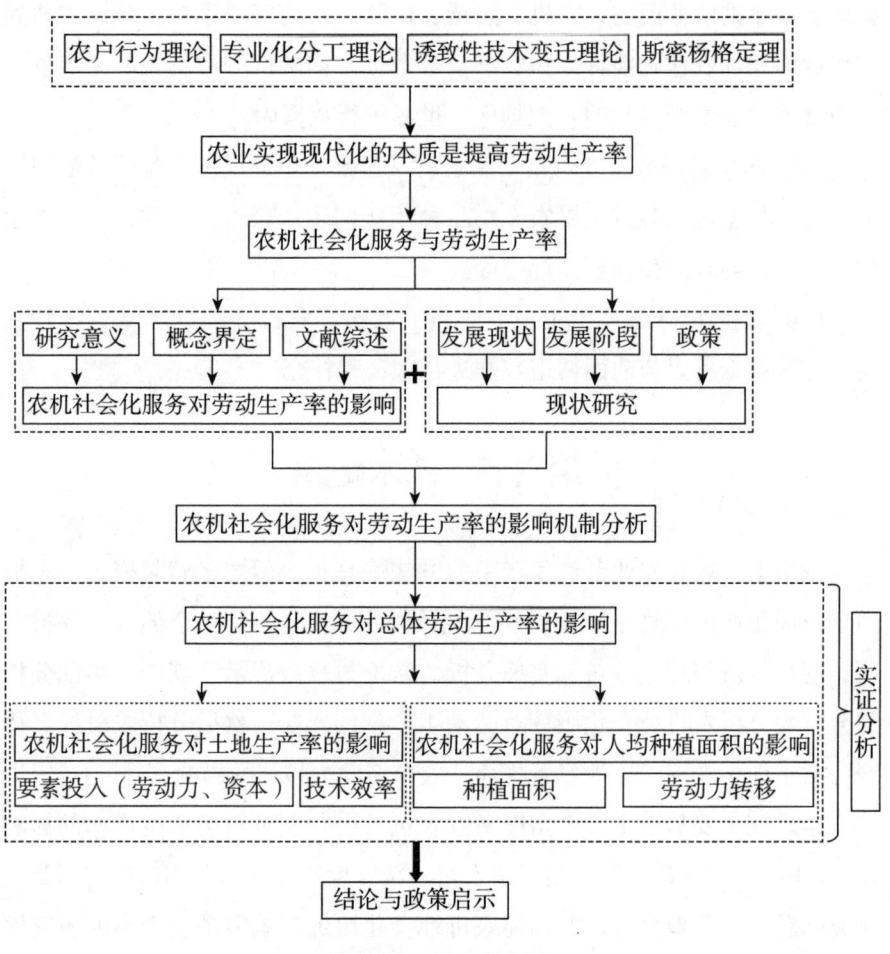

图 1-1 技术路线图

第七节 研究创新

（一）研究角度

从劳动生产率的定义出发，构建了农机社会化服务对劳动生产率影响的研究框架。目前相关文献大多采用直接回归法分析农机社会化服务对劳动生产率的影响，缺乏对其具体影响机制的分析。而本研究将广泛查阅相关文献资料，结合诱致性技术变迁理论、分工理论和生产率理论，实地调研全国玉米主产省份采纳农机社会化服务情况，研究农机社会化服务对劳动生产率影响中所蕴含的经济学原理以及影响机理。

（二）研究内容

本研究更多关注小农户层面采用农机社会化服务的情况。劳动生产率的增长来源之一是劳均经营规模的扩大。过去通常采取扩大种植规模的方式，实现土地规模经营，获得劳均经营规模的提高。针对中国现阶段的国情，用农机社会化服务来替代劳动，把农村劳动力转移出去，相当于提高了劳均经营规模。尤其针对小规模农户，农机社会化服务是扩大劳均经营规模的一条有效路径，也会提高劳动生产率。

第二章 理论分析

第一节 概念界定

一、农机社会化服务的内涵和相关概念

（一）农机社会化服务

本研究所涉及的农机社会化服务定义为由农机服务组织、农机户向农户提供的种植业生产中的机械作业服务，具体包括：机耕、机播、机收、植保、灌溉排水环节。但是，农机社会化服务与农机服务不同（纪月清，2012），农机服务既包含农机社会化服务，亦包含农户自有农机所做的服务。

不同于国外学术文献（Carney D，1995；Ragasa C and Golan J，2014）中所提到的农业服务（Agricultural Service），农机社会化服务是自1983年中央一号文件第一次所提出的"社会化服务"中演变而来，强调了需要农户家庭难以提供的社会分工来实现（钟真，2019），具有鲜明的中国特色。此外，国内亦有部分学者倾向于采用农业生产性服务、农业服务等。本研究借鉴姜长云（2016）的观点，即上述概念的内涵相同，只是使用效果略有差异。

（二）农机社会化服务与农业社会化服务等相关概念

农业生产性服务业是现代农业产业体系的重要组成部分，主要指贯穿于农业生产作业，完成农业生产的产前、产中、产后各环节作业的社会化服务。

1991年国务院第134号文件将农业社会化服务作为一个科学概念定义。农业社会化服务是指与农业相关的社会经济组织为满足农业生产发展的需要，而为从事农业生产的经营主体所提供的各种服务。农业社会化服务是农业由分散的小生产模式变化为专业化分工、广泛协作的社会化生产模式，是农业产业化发展的要求所在。

此外，农户表达的概念也是多样的。本研究中，种粮户特指在农村区域范围内专业或兼业从事粮食种植业生产的常住户，其种粮专业化程度高，种粮收入必须占其农业收入的80%以上，或粮食作物种植面积/该地块作物种植总面积大于等于80%。

综上，农机社会化服务是农业生产性服务的组成部分，而农业生产性服务则是农业社会化服务的组成部分。三者之间的关系如图2-1所示。

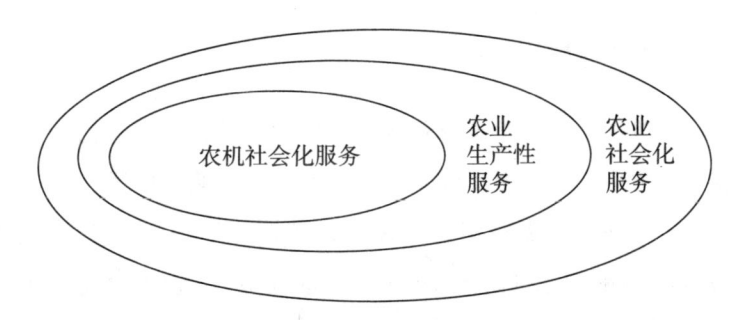

图2-1　农机社会化服务与相关概念的关系

二、劳动生产率

劳动生产率（Labor productivity）是衡量生产力发展水平与经济发展水平的重要指标，具体是指在一定时期内单位农业劳动者产出的劳动成果与所对应的劳动消耗量之比。劳动生产率取决于农业总产量或总产值、农业劳动力人数。

三、土地生产率

衡量土地生产水平的关键指标即土地生产率，这是一个反映土地生产能力的指标，一般是以一定时期内单位土地面积所产出的产品产值或产品数量来度量。一般应用实物量或货币量来衡量土地生产率，实物量指标即为单位面积产量；货币量指标则为单位面积产值；由于单位面积产值会受到不同时期价格波动的影响，因此，本研究更多采用单位面积产量来衡量土地生产率指标。

四、土地经营规模

土地经营规模是指经济活动中相对独立的经营实体所占用的土地面积，是反映土地生产要素的一个重要指标。在农业生产中，土地是必要的生产投入，只有在一定的土地经营规模上，才能进行资本和劳动力要素投入，进而获得农业（种植业）产出。

五、劳动力转移

促进农户劳动力转移是实现农业现代化和城镇化的关键措施。早期非农就业收入、户籍制度等因素可能在一定程度上影响了中国农户劳动力转移。伴随农村劳动力逐步转移到非农产业就业，农业生产遭受了结构性、季节性的劳动力缺失影响，也诱致了推进农业机械化。依据 Mullan 等（2008）的界定方法，农户劳动力转移比例＝家庭在外务工人数/（家庭农业劳动力人数＋家庭在外务工人数）。

第二节 农机社会化服务影响劳动生产率的理论分析

一、影响分析

农机社会化服务的本质作用就是对劳动力的替代。农户采纳农机社会化服务可以减少对劳动力的束缚，有效配置劳动力要素与人口资源。专业化分工被古典经济学视为劳动效率提高的根本途径和财富增长的重要源泉，农机社会化服务这一专业分工现象是技术进步和社会分工的结果。在农户自身时间、设备和技术水平等禀赋有限的条件下，农户将耕整地、播种和收获等生产环节托管或外包给拥有机械设备、劳动力和技术的农机社会化服务组织，改变了对农户（特别是小规模农户）而言农机具有稀缺性的状况，使其成为比劳动力更为富裕的要素（潘彪和田志宏，2018；郑旭媛和徐志刚，2017；周晓时，2017），进一步发挥了农业机械对农户劳动力的替代作用，即在生产技术水平不变的情况下，投入的农业机械越多，所需劳动力数量越少。当农业机械有限投入粮食生产时，在农户劳动力未充分转移的情况下，以机械替代劳动力的经济成本很高，但劳动力成本低于机械成本，以劳动力密集方式进行粮食生产更具经济效益；而随着技术进步，农业机械制造成本大规模降低，非农就业机会带动劳动力成本增加，此时在农机社会化服务市场的作用下（李婵媛，2018），社会化服务帮助实现农机"分割"，能够有效提升各类农户单位面积土地的机械投入，以此实现的机械成本低于劳动力成本，将有助于推动以机械替代劳动力，提高劳动生产率。

基于 Egger H 和 Egger P（2006）的推导模型，本部分进一步采用不变替代弹性（CES）生产函数模型分析农机社会化服务对劳动生产率的影响效应。

不变替代弹性生产函数（CES）的函数形式可设定为：

$$Y_i = A_i \left[\theta \bar{K}_i^{-\rho} + (1-\theta) \bar{L}_i^{-\rho} \right]^{-\frac{\mu}{\rho}} \tag{1}$$

上式中 A 为效率系数，代表广义技术进步水平，一般应有 $A>0$；ρ 是替代参数，θ 和 $1-\theta$ 分别表示资本和劳动的分配系数，并且 $0<\theta<1$；μ 是规模报酬参数，当 $\mu=1$（<1，>1），说明研究对象是规模报酬不变（递减，递增）的；S 为农机社会化服务，$\bar{K}_i$ 与 $\bar{L}_i$ 分别代表有效资本与有效劳动。

假定：
$$\bar{K}_i = \alpha_K(S_i) K_i$$
$$\bar{L}_i = \alpha_L(S_i) L_i$$

其中，$\alpha_K(S_i)$ 是资本效率的测量值，$\alpha_L(S_i)$ 是劳动效率的测量值。

为分析农机社会化服务对有效资本、有效劳动以及技术变化的作用效果，假定如下：

$$\alpha_K(S_i) = \exp(\beta_K S_i)$$
$$\alpha_L(S_i) = \exp(\beta_L S_i)$$
$$A_i = \bar{A}\exp(\eta_i + \zeta S_i)$$

所以，式（1）可以表示为：

$$Y_i = \bar{A}\exp(\eta_i + \zeta S_i)\{\theta[K_i\exp(\beta_K S_i)]^{-\rho} + (1-\theta)[L_i\exp(\beta_L S_i)]^{-\rho}\}^{-\frac{\mu}{\rho}} \quad (2)$$

对上式两边取自然对数处理后，并在 $\rho = 0$ 处按照泰勒级数展开后，得出：

$$\ln Y_{i,t} = \beta_0 + \beta_A S_{i,t} + (\mu - 1)\ln(L_{i,t}) - \frac{\mu}{\rho}\ln\{\theta[k_{i,t}\exp(\beta_k S_{i,t})]^{-\rho} + (1-\theta)\} + \varepsilon_{i,t} \quad (3)$$

上式中 $Y_{i,t}$ 是劳动生产率，$k = K/L$，$\beta_k = \beta_K - \beta_L$，$\beta_A = \beta_L\mu + \zeta$

为尽可能避免所存在的内生性问题，同时应用滞后变量模型进行估计：

$$\ln Y_{i,t} = \beta_0 + \beta_A S_{i,t-1} + (\mu - 1)\ln(L_{i,t}) - \frac{\mu}{\rho}\ln\{\theta[k_{i,t}\exp(\beta_k S_{i,t-1})]^{-\rho} + (1-\theta)\} + \varepsilon_{i,t} \quad (4)$$

通过计算劳动生产率的边际效应，来得到农机社会化服务对劳动生产率所产生的影响：

$$\frac{\partial \ln y}{\partial S_i} = \beta_A\mu + \{\mu\theta\beta_K[k\exp(\beta_k S_i)]^{-\rho}\}/\{\theta[k\exp(\beta_k S_i)]^{-\rho} + 1 - \theta\} \quad (5)$$

二、农机社会化服务影响劳动生产率的机制分析

使用恒等式对劳动生产率进行分解可以得到如下公式所呈现的结论：

$$劳动生产率 = \frac{总产量}{劳动力投入} \times \frac{经营规模}{经营规模} = \frac{总产量}{经营规模} \times \frac{经营规模}{劳动力投入}$$

$$劳动生产率 = 土地生产率 \times 劳均经营规模$$

对上式两边取对数后：

$$\ln\left(\frac{劳动生产率}{劳动生产率}\right) = \ln\left(\frac{土地生产率}{土地生产率}\right) + \ln\left(\frac{劳均经营规模}{劳均经营规模}\right)$$

$$\Delta 劳动生产率 = \Delta 土地生产率 + \Delta 劳均经营规模$$

可以说，劳动生产率的增长取决于土地生产率的增加和劳均经营规模的扩大（速水佑次郎和弗农·拉坦，1985）。速水佑次郎和弗农·拉坦证实了劳动力价格与耕地规模在日本和美国存在一定差异的情况下，在日本劳动生产率的增长与土地生产率密切相关，在美国则与每个劳动力的平均经营规模密切相关。那么，中国的情况是否介于日本和美国之间，劳动生产率是否同时受到土地生产率和劳均经营规模两个因素的影响？

这也就给我们提供了研究农机社会化服务影响劳动生产率的思路：从农机社会化服务影响土地生产率和农机社会化服务影响劳均经营规模出发，验证农机社会化服务对农业劳动生产率的影响机制。

第三节 农机社会化服务影响土地生产率的机制分析

粮食生产分工条件日益完备，粮食生产分工深化空间得到有效拓宽，农机社会化服务使得专业化分工得以实现，延长粮食生产过程（李乾和王玉斌，2019），发挥了各粮食生产环节的规模经济。而根据杨格定理"劳动分工影响市场规模，市场规模大小取决于劳动分工精细程度，二者之间良性互动"；农机社会化服务所实现的服务规模收益降低了农机社会化服务的单位成本，促使理性农户采用农机社会化服务，这反过来扩大了农机社会化服务的市场规模。就玉米生产而言，在农户农业劳动力人数、耕地和自有农业机械等要素禀赋存在约束的情况下，农户通过购买农机社会化服务，把全部或部分粮食生产环节外包给农机社会化服务组织，弥补了因农业劳动力不足、耕地有限和缺乏农业机械所造成的短板，使不同劳动单位在玉米生产各环节上发挥不同的比较优势，有利于提高农地规模制约下的土地生产率。

农户采纳农机社会化服务是随机效用最大化目标下的选择问题。随机效用理论假设农户为寻求效用最大化会比较采纳农机社会化服务的效用与不采纳农机社会化服务的效用。如果效用差异大于0，即 $S^* = U_Y - U_N > 0$，则农户将采纳农机社会化服务。在以下潜变量模型中，不可观测的净效用 S^* 可表示为可观测变量的函数：

$$S_i^* = \alpha_i L_i + \tau_i \tag{1}$$

其中，S_i 是一个二进制指标，对于采纳农机社会化服务的农户，则 $S_i=1$；否则为 $S_i=0$。α_i 是要估计的参数；L_i 表示农户经营情况变量；τ_i 是误差项。

以往研究表明，采纳农机社会化服务会影响农业产出（李乾和王玉斌，2019；Ma W et al.，2018）。为了将农机社会化服务采纳决策与玉米产量联系起来，假设风险中立的农户在竞争性投入产出市场以及单一产出的技术约束下，最大化其净收益 π。如下所示：

$$\max \pi = P_Q Q(P_I, L) - P_I I \tag{2}$$

其中，P_Q 是玉米的市场价格，Q 是玉米的预期产量；P_I 是投入要素价格，I 表示投入要素。玉米生产的净收益可以表示为农机社会化服务采纳 M，投入和产出价格以及农户经营情况变量的函数，如下所示：

$$\pi = \pi(M, P_I, P_Q, L_i) \tag{3}$$

由 Hotelling 引理，式（3）可简化为：

$$\frac{d\pi}{dP_Q} = Q = Q(M, P_I, P_Q, L_i) \tag{4}$$

式（4）表明玉米产量受农户采纳农机社会化服务、玉米的市场价格、投入要素价格和农户经营情况的影响（Zhou X et al.，2020）。接下来，采用简化形式的方法将农户采纳农机社会化服务与玉米生产联系起来，以进行估算。

仅从土地生产率角度来看，农机社会化服务对土地生产率的影响也存在诸多细分机制：农机社会化服务优化了农户要素配置，有效替代家庭农业劳动力，降低了对农户从事玉米生产的技术要求。黄季焜等（2008）的研究发现，小农户自身难以有效把控实施植保频率，采用农机社会化服务后进行的统防统治能够控制植保频率、节约施药成本提高施药质量，进而对粮食生产土地生产率产生积极影响。总结来看，农机社会化服务通过两种路径（劳动投入路径和技术效率路径）影响土地生产率，如图2-2所示。

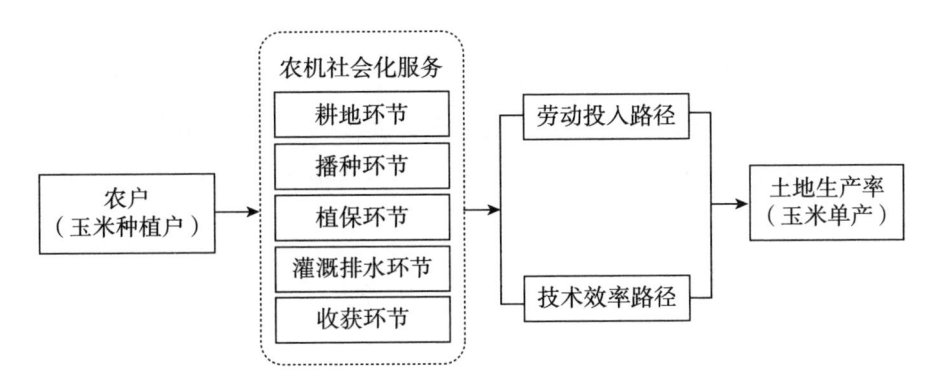

图2-2 农机社会化服务对土地生产率的影响机制

劳动投入路径——替代农业劳动力就是农机社会化服务最根本的作用。农机社会化服务体系的建立缓解了农村劳动力进入非农业部门使农业劳动力机会成本不断升高的问题，还使农户具有选择要素替代的途径和方法。农户采用农机社会化服务以相对廉价、充裕的农业机械替代相对昂贵、稀缺的劳动力，缓解了农户的劳动力约束，突破了原有资源禀赋的限制，有利于提高粮食生产率。

技术效率路径——采纳农机社会化服务有助于在粮食生产中引入先进技术，突破小规模农户采用农业技术具有被动性的困境，从而提高生产技术效率。农业机械对增产提效、节约成本等的作用远远超过人力、畜力，农机社会化服务充当人力资本和知识资本的传送器，利用多种类型的农业机械（例如旋耕机、薄膜施药机、播种机、动力喷雾器、飞防打药无人机、拖拉机以及收割机）为农户进行粮食生产（例如耕作土地、播种、喷洒农药施肥、灌溉排水和收获），通过高效的经营管理方法和现代组织制度提高粮食生产的科技含量及产出，在一定程度上提高粮食生产率。

例如在播种环节，采用农机社会化服务进行的较为先进的机械作业比人工播种作业更为合理、均匀，尤其在不平整的土地播种时，机械作业可以保证播种的深度一致。并且机械播种使种子处在较为松软的土壤中，保证了出苗率和作物生长所需养分，提高了作物土地生产率。在植保环节，小农户难以准确掌握最佳施药时间和频次，采用农机社会化服务后，服务组织可以在最佳施药时间施用农药，控制农药的有效浓度，提升病虫害防治效果，提高粮食生产率。在收获环节采用农机社会化服务，应用收割机和烘干机作业，避免错过农作物的最佳收获时间，有效减少作物水分流失以及粮食产量和质量的损失。农机社会化服务的技术效率路径作用效果如图2-3所示。

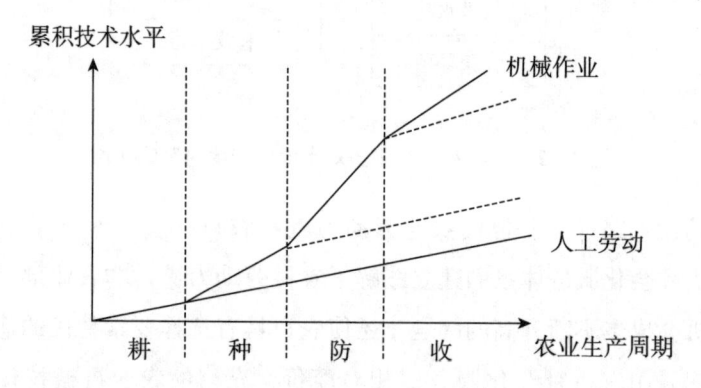

图2-3 农业机械作业和人工作业的累积技术水平差异

第四节 研究农机社会化服务对劳均经营规模的影响

扩大劳均经营规模有两种途径：一是扩大土地经营规模，二是促进农户劳动力转移。本部分内容将研究农机社会化服务对土地经营规模和农户劳动力转移的影响。

本书假定规模不是单产的函数。对规模与单产的反向关系的现有研究发现规模对单产几乎没有影响。我们没有考虑规模对单产产生影响，也就没有考虑规模与单产之间的相互影响，可能会为未来学者提供研究方向。

考虑到农户在采用农机社会化服务与土地经营规模之间可能同时进行决策，在此基础上本书希望得到无偏、一致的估计结果，准确地获得农机社会化服务对于土地规模经营的作用效果。

在农户间存在异质性的理论框架下,考察农机社会化服务对农户劳动力转移的影响。重点聚焦于农机社会化服务的耕整地、播种、植保、排灌和收获阶段,研究不同环节农机社会化服务对农户劳动力转移的影响,并探讨其不同地形情况和兼业情况农户的组群差异。

一、农机社会化服务对土地经营规模的影响

本研究面对农户可以自由采纳农机社会化服务以及农机社会化服务市场发展水平较高的情况(杨子等,2019),通过应用可分离的农户生产模型,获取农户土地规模经营决策情况。

依据 Bardhan 和 Udry(1999)以及 Deininger 和 Jin(2008)的农户模型,本研究构建农户生产模型来解释农机社会化服务对土地经营规模的作用效果。简化模型,令其具备完善的要素市场,且农户为理性经济人,追求农业生产利润的最大化。并且假设农户只从事农业生产,不存在非农就业问题,不区分作物具体类型,农户的生产函数中只有土地要素与农机社会化服务要素。

假设 $\bar{A}$ 是农户的土地资源禀赋,在土地流转市场上,农户可进行转入土地,土地租金是 r,那么农户实际耕种的土地经营规模是 A。在农机社会化服务市场上,农户购买农机社会化服务价格为 m,购买数量为 S,所以农户购买农机社会化服务的成本为 mS。此外,粮食产品的单价为 p。求解农户购买农机社会化服务和土地经营规模的最佳解 S^*、A^*,为使得目标函数存在极大值,则设定 $f(A,S)$ 为严格凹的农业生产函数,

即 $f_S > 0$,$f_A > 0$,$f_{SS} < 0$,$f_{AA} < 0$,

得出:$D = \begin{vmatrix} f_{SS} & f_{SA} \\ f_{AS} & f_{AA} \end{vmatrix} = f_{SS}f_{AA} - f_{SA}^2 > 0$

农户目标函数可表示为:

$$\max_{S,A} \pi = pf(A,S) - mS - (A - \bar{A})r \tag{1}$$

一阶条件为:

$$\begin{cases} pf_S = m \\ pf_A = r \end{cases} \quad (2)$$

农户为追求利润最大化而投入农机社会化服务与土地的决策应该满足式（2），因为 f_A 和 f_S 是土地要素投入 A 和农机社会化服务要素投入 S 的函数，进而依据式（2）来计算含有 A、S、m、r、p 的全微分，可推出：

$$\begin{cases} pf_{SS}dS + pf_{SA}dA + f_S dp - dm = 0 \\ pf_{AS}dS + pf_{AA}dA + f_A dp - dr = 0 \end{cases} \quad (3)$$

对上式求解可得出：

$$dA = \frac{1}{p(f_{AS}f_A - f_{AA}f_S)}[(pf_{AS}f_S - pf_{SS}f_A)dS + f_A dm - f_S dr] \quad (4)$$

本研究为分析农机社会化服务对土地经营规模的作用效果，令 $dm = dr = 0$，粮食价格 $p = 0$，可得出：

$$\frac{dA}{dS} = \frac{f_{AS}f_S - f_{SS}f_A}{f_{AS}f_A - f_{AA}f_S} \quad (5)$$

上式可说明，当 $f_{AS} > 0$，那么 $\frac{dA}{dS} > 0$，农机社会化服务的投入越多，则土地经营规模越大；当 $f_{AS} < 0$，那么 $\frac{dA}{dS} < 0$，农机社会化服务的投入越多，则土地经营规模越小。

生产要素中的农机社会化服务和土地是互补关系，在不考虑技术进步的前提下，当投入土地要素与其他要素为相对均衡情况时，农机社会化服务投入增加，提升了土地的相对稀缺程度，进而提高土地的边际产出。为了获得新均衡状态，土地要素投入也要相应增大，进而使得土地投入和农机社会化服务投入都表现为同增同减。因此，$f_{AS} > 0$，$\frac{dA}{dS} > 0$。

农户在面临是否扩大土地经营规模决策时，需要考察外部约束条件，目前中国农机社会化服务水平的不断提高，有效供给了农机社会化服务；农户通过农机社会化服务的投入增加，破除原本的资源禀赋限制条件对土地经营规模的影响，合理配置生产要素，实现农业适度规模经营。

第二章　理论分析

综上，从理论分析可推断出：农机社会化服务投入的增加对农户土地经营规模具有正向影响效应。

二、农机社会化服务对农户劳动力转移的影响

在工业化、城镇化快速发展的背景下，农业生产提高了迂回程度，农户劳动力得以聚焦于具体生产环节，把生产效率不具备比较优势的环节外包给社会化服务组织来完成，即分工深化的萌芽。专业化分工诱导了农业机械化发展，农业机械化从对已经转移的劳动力进行补偿逐步转变为对农户劳动力的替代（罗明忠等，2021），从而对农户劳动力转移决策产生影响。即农户通过农机社会化服务交易方式把资产专用性较强的环节卷入分工中（罗必良，2017），采用农机社会化服务的迂回投资来替代购买农业机械，把新技术和新要素引入到农业生产中，达到生产效率的提升以改造传统农业。

图 2-4 中，MC 是边际成本曲线，MR 是边际收益曲线。农机社会化服务被认为是农业技术进步与专业化分工的共同体现，有效降低农户从事农业生产的成本，减少农户劳动力转移的机会成本，图中边际成本曲线从 MC_1 移动到 MC_2。农机社会化服务以资本替代了劳动，基于收益最大化目标下，由于非农产业的比较收益率高于农业，农机所节省的农户劳动力倾向于进行非农转移，与此相对应，图中边际收益曲线从 MR_1 移动到 MR_2，收益面积也从 $A_1L_1B_1$ 变化为 $A_2L_2B_2$，并且 $A_2L_2B_2 > A_1L_1B_1$。农机社会化服务在降低农户获得农机作业成本的同时，也减少了农户农业劳动时间，降低了农户的劳动强度，在家庭收益最大化目标下，促进了农户劳动力的转移。

依据新古典主义的农户行为理论，假定农户行为决策基于经济理性；在农户家庭要素禀赋约束下，当劳动力要素在农业与非农部门间的价差不断扩大时，农业生产的机会成本不断增加，收益最大化目标的农户将自发做出劳动力向非农部门转移的决策。与此同时，当社会化服务发展和农业机械化程度提高时，一方面帮助农户以此替代转移至非农部门的劳动力，

另一方面会使农业部门内劳动力相对机械的机会成本增加,从而进一步促进农户实现劳动力非农转移的决策。

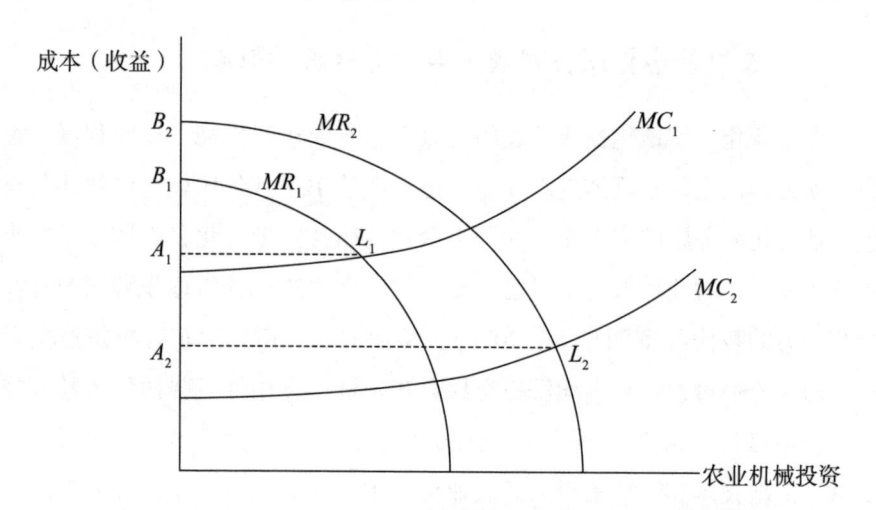

图 2-4 农机社会化服务影响农户劳动力转移的分析模型

农机社会化服务有助于形成更多剩余农业劳动力,进而促进农户劳动力转移。特别是对于小规模农户而言,其耕种收环节自有机械化程度不高,自购农机也难以实现最优利用。农机社会化服务通过替代农户自购农机自我服务,能够有效实现对小规模农户劳动力的替代,考虑到粮食生产具有高度依赖密集劳动力和技术投入特征(陈宏伟和穆月英,2019),耕整地、播种和收获等环节的农机社会化服务更加有效替代小规模农户劳动力,弥补农户劳动力数量短缺、技术经验不足等短板(廖西元等,2011;周宏等,2014),实现规避投资风险、降低交易费用、提高经营效率的目的(张露和罗必良,2018),并在一定程度上促进了农户劳动力的转移。

第五节 农机社会化服务效果的生产环节间的差异

从专业化分工视角来分析,农机社会化服务凸显了不同粮食生产环节间的差异,对于粮食生产,特别是玉米生产而言,从种到收经历多个环节,这种作物生物性生长的特征导致不同环节中应用的机械具有较强的资产专用性，导致不同农机社会化服务所用机械存在环节间的结构性差异。作物生产阶段的生物性特征差异和机械利用结构差异，通过生产函数中要素组合的差异和产出水平的不同，综合导致不同生产环节农机社会化服务的效果差异。

由于劳动力替代效应的存在，农机社会化服务极大解放了农户家庭经营中面临的要素约束，但也导致农户面临对于农机社会化服务提供者的监督成本。在利用自家要素转变为利用他人要素时，如何确保农机社会化服务的高质量是保证产出的一大关键因素，这引发对农机社会化服务标准化的需求。经过多年发展，耕、种、植保几大重要环节的机械设备已实现标准化生产，由此促进了农机社会化服务的标准化作业，保证土地生产率处于较高水平。机播不再是农业机械化的短板，机械播种比人工播种更均匀，更有益于作物生长。植保农机社会化服务采用无人机打药，能够提高施药对靶性，降低飘移损失，提高农药利用率，防治效果得到有效提升。玉米耕地、播种、植保环节农机社会化服务的机械化水平、标准化水平和机械作业效率确保了农机社会化服务对玉米生产土地生产率的正向效果。

从生产环节来看，收获环节发生在有经济价值的玉米作物生长环节之后，收获环节的农机社会化服务不再促进玉米生长，其对产量的影响主要体现在收获环节的损失水平的高低。而在相关机械设备水平提升、收割机和烘干机联合使用提高收获环节机械化程度后，玉米粮食损失问题、质量不稳定、清选能力弱、含杂率偏高等问题可能得到缓解，其对玉米生产土地生产率的影响是否存在显著性存疑。

灌溉排水能够做到集体决策的有效性、科学性，但是灌溉排水环节社会化服务若要充分发挥作用，还需配备相对应的基础设施，才能保障玉米生长不同环节的水资源需求。灌溉排水环节社会化服务对玉米生产土地生产率可能不具有显著影响。

第六节　本章小结

本章简述了农机社会化服务的内涵和相关概念，将其与农业生产性服

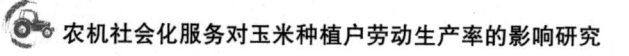

务、农业社会化服务相区别。首先,从总体上分析农机社会化服务是否影响劳动生产率。其次,从农机社会化服务对土地生产率的影响和农机社会化服务对劳均经营规模的影响出发,验证农机社会化服务对农业劳动生产率的影响机制。再次,扩大劳均经营规模有扩大土地经营规模和促进农户劳动力转移两种途径,因此进一步分析农机社会化服务对土地经营规模、农户劳动力转移的影响。最后,分析农机社会化服务效果在不同生产环节间的差异。

第三章 农机社会化服务与中国粮食生产现状分析

在城镇化背景下，中国粮食生产面临诸多资源禀赋的条件限制：农村劳动力大量转移、劳均耕地面积下降、耕地细碎化问题严重、粮食生产成本增加等。但是，中国粮食产量却持续丰收，反驳了莱斯特·布朗所提出的"谁来养活中国"的质疑。在中国农业劳动力不断转移到非农产业的情况下，中国农村出现的农机社会化服务促使了中国粮食的增产，为小农户有效衔接现代农业发展提供了有效途径。

第一节 中国粮食生产现状

中国粮食产量从1991年的43529.3万吨上升到2020年的66949万吨，上升幅度达到53.80%。特别是2003—2020年，中国粮食生产获得"十七连丰"，粮食产量连续9年超过6亿吨，粮食安全进一步得到巩固夯实。中国粮食生产主要由谷物生产构成，2020年谷物产量占当年粮食产量的比重达到92.12%。谷物产量从1991年的39566.3万吨上升到2020年的61674万吨，上升幅度达到55.88%。谷物中，产量排名前三位的粮食作物有稻谷、小麦和玉米。其中，稻谷产量从1991年的18381.3万吨上升到2020年的21186万吨，上升幅度达到15.26%。小麦产量从1991年的9595.3万吨上升到2020年的13425万吨，上升幅度达到39.91%。玉米产量从1991年的9877.3万吨上升到2020年的26067万吨，上升幅度达到163.91%。1991—2020年，玉米产量的增长速度最快，远大于小麦、稻谷产量的增长速度。1991 年中国谷物生产以稻谷生产为主，1991 年稻谷产量占当年谷物产量的比重为 46.46%；到 2020 年时谷物生产以玉米生产为主，2020 年玉米产量占当年谷物产量的比重为 42.27%（见图 3-1）。

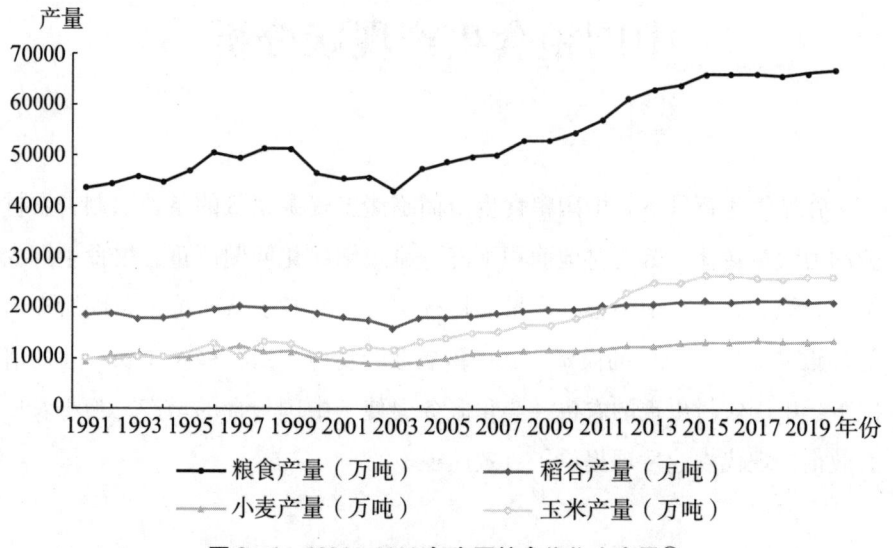

图 3-1　1991—2020 年中国粮食作物生产量①

（数据来源于《中国统计年鉴》）

此外，豆类产量从 1991 年的 1247.1 万吨上升到 2020 年的 2287 万吨，上升幅度达到 83.39%。薯类产量从 1991 年的 2715.9 万吨上升到 2020 年的 2987 万吨，上升幅度达到 9.98%。

一、中国粮食作物生产量的国际比较

（一）稻谷

世界主要的稻谷生产国大多集中在东亚、南亚以及东南亚地区，包括中国、印度、印度尼西亚、孟加拉国、泰国、日本等国。2019 年中国和印度两国的稻谷产量占据世界稻谷总产量的一半以上。1990—2019 年中国稻

---

① 《中国统计年鉴》中谷物产量、豆类产量指标统计时间范围是 1991—2020 年。

谷生产量一直居世界首位，已连续9年达到2亿吨以上，2018年、2019年中国稻谷生产量相比2017年略有下降，但仍超过2.1亿吨。

1990—2019年，世界稻谷生产量呈增长趋势，印度稻谷生产量增加量较大，从1990年的1.12亿吨增加到2019年的1.78亿吨，增加了0.66亿吨。孟加拉国稻谷生产量增加幅度较大，从1990年的0.27亿吨增加到2019年的0.55亿吨，增加幅度为103.70%（见表3-1）。

表3-1 1990—2019年世界稻谷主产国生产量

年份	世界	印度	印度尼西亚	孟加拉国	泰国	日本	中国
1990	51856.86	11151.74	4517.88	2677.79	1719.32	1312.40	19161.47
1991	51851.26	11204.20	4468.82	2724.20	2040.00	1200.50	18612.46
1992	52787.81	10900.12	4824.00	2737.30	1991.73	1321.60	18829.19
1993	52959.96	12040.00	4818.11	2692.80	1844.73	979.30	17974.69
1994	53859.10	12264.00	4664.15	2512.40	2111.07	1497.60	17799.44
1995	54716.20	11544.00	4974.41	2639.90	2201.55	1343.50	18729.80
1996	56865.80	12250.00	5110.15	2818.20	2233.16	1293.00	19703.29
1997	57713.69	12370.00	4937.71	2815.20	2358.01	1253.10	20277.18
1998	57881.40	12905.50	4923.67	2971.00	2299.84	1120.00	20057.16
1999	61117.76	13449.59	5086.64	3443.00	2417.14	1146.88	20040.33
2000	59866.81	12746.49	5189.80	3762.75	2584.39	1186.30	18981.41
2001	60024.67	13990.00	5046.08	3626.90	2909.99	1132.00	17930.49
2002	57105.14	10773.03	5148.97	3759.30	2832.11	1111.10	17634.22
2003	58693.16	13278.90	5213.76	3836.14	2982.03	974.00	16230.43
2004	60734.90	12469.71	5408.85	3623.60	2887.40	1091.20	18052.26
2005	63422.55	13769.01	5415.11	3979.56	3064.82	1134.20	18205.51
2006	64070.56	13913.70	5445.49	4077.30	2999.06	1069.50	18327.60
2007	65397.01	14457.00	5459.10	4318.10	3247.70	1089.30	18739.75
2008	68438.30	14803.60	5766.10	4674.20	3202.30	1102.88	19335.29
2009	68026.57	13567.30	5901.40	4814.40	3239.79	1059.20	19668.12

续表

年份	世界	印度	印度尼西亚	孟加拉国	泰国	日本	中国
2010	69403.52	14396.30	5928.30	5006.12	3570.29	1069.20	19721.20
2011	71907.92	15790.00	5825.90	5062.70	3810.27	1070.70	20266.72
2012	72768.07	15780.00	5970.50	5049.70	3810.02	1109.10	20593.61
2013	73177.04	15920.00	6009.50	5153.40	3676.23	1123.60	20520.17
2014	73080.20	15720.00	5905.90	5180.66	3262.02	1123.10	20823.96
2015	73195.23	15654.00	6103.10	5180.55	2770.22	1092.50	21372.37
2016	73952.55	16370.00	5939.30	5045.29	3185.70	1093.40	21268.18
2017	75173.13	16850.00	5942.90	5414.80	3289.89	1077.70	21442.99
2018	76283.88	17471.67	5920.05	5441.60	3234.81	1060.60	21407.88
2019	75547.38	17764.50	5460.40	5458.63	2835.69	1052.70	21140.52

注：数据来源于FAO，单位：万吨。

（二）小麦

小麦作为在世界各地广泛种植的谷类作物，其产地集中在中国、印度、美国、法国、加拿大、澳大利亚等国；2019年中国、印度、美国三国的小麦产量占到世界小麦总产量的1/3以上。1990—2019年中国小麦生产量一直居世界首位，已连续5年达到1.3亿吨以上（见表3-2）。

表3-2　1990—2019年世界小麦主产国生产量

年份	世界	美国	印度	法国	加拿大	澳大利亚	中国
1990	59133.01	7429.40	4984.95	3334.58	3209.80	1506.61	9823.19
1991	54782.07	5389.00	5513.45	3436.22	3194.56	1055.74	9595.36
1992	56511.19	6713.60	5568.95	3249.08	2987.72	1473.87	10159.13
1993	56473.98	6522.20	5721.01	2920.03	2725.59	1647.90	10639.49
1994	52543.53	6316.80	5984.00	3049.32	2291.95	896.10	9930.14
1995	54435.75	5940.40	6576.74	3086.97	2498.94	1650.40	10221.14
1996	57861.69	6198.20	6209.74	3593.52	2980.14	2370.20	11056.92

续表

年份	世界	美国	印度	法国	加拿大	澳大利亚	中国
1997	61465.18	6753.60	6935.02	3386.22	2429.94	1922.40	12329.01
1998	59617.58	6932.70	6634.50	3980.11	2408.23	2210.80	10972.61
1999	58476.34	6256.73	7128.75	3695.10	2695.99	2475.70	11388.01
2000	58499.92	6063.94	7636.89	3735.60	2653.55	2210.80	9963.61
2001	58824.37	5299.99	6968.09	3154.53	2063.02	2210.81	9387.32
2002	59204.53	4370.40	7276.63	3893.65	1596.13	2429.93	9029.03
2003	54997.45	6380.33	6576.08	3047.94	2304.86	1013.19	8648.83
2004	63466.60	5869.70	7215.62	3969.02	2479.55	2613.19	9195.22
2005	62702.08	5724.20	6863.69	3688.61	2574.81	2190.51	9744.52
2006	61438.11	4921.60	6935.45	3536.36	2526.54	2515.03	10846.63
2007	60659.51	5582.04	7580.67	3276.34	2009.04	1082.16	10929.83
2008	68029.44	6801.61	7857.02	3900.64	2861.92	1356.94	11246.43
2009	68363.92	6036.57	8067.94	3833.69	2694.99	2142.02	11511.54
2010	64080.27	6006.24	8080.36	3820.74	2329.96	2183.40	11518.62
2011	69689.84	5441.88	8687.40	3599.28	2528.80	2741.01	11741.40
2012	67372.94	6167.74	9488.00	3788.57	2724.60	2990.50	12103.01
2013	71039.87	5810.46	9351.00	3865.15	3758.91	2285.56	12193.05
2014	72875.78	5514.71	9585.00	3895.02	2944.21	2530.30	12621.52
2015	74202.97	5583.95	8653.00	4275.00	2764.74	2374.26	13264.63
2016	74849.45	6283.15	9229.00	2931.63	3213.99	2227.45	13327.46
2017	77229.59	4737.98	9851.00	3867.79	3037.72	3181.87	13424.67
2018	73338.62	5130.55	9986.95	3542.41	3220.11	2094.11	13144.66
2019	76576.96	5225.76	10359.62	4060.50	3234.79	1759.76	13360.11

注：数据来源于FAO，单位：万吨。

1990—2019年，世界小麦生产量呈增长趋势，中国、印度调增小麦生产量，美国调减小麦生产量，法国、加拿大以及澳大利亚的小麦生产量则以较小的变化幅度上下波动。值得关注的是，近30年来印度小麦生产量的增长率远高于中国,这可能归因于印度人口数量从 1990 年的 8.73 亿飙升到 2019 年的 13.61 亿,人口增加幅度达到 55.90%。中国小麦生产量从 1990 年的 0.98 亿吨增加到 2019 年的 1.34 亿吨,增加幅度为 36.73%。印度小麦生产量从 1990 年的 0.50 亿吨增加到 2019 年的 1.04 亿吨,增加幅度为 108%。美国小麦生产量从 1990 年的 0.74 亿吨减少到 2019 年的 0.52 亿吨,减少幅度为 29.73%。

(三)玉米

世界主要的玉米生产国大多集中在美洲、东亚和南亚地区,包括美国、巴西、阿根廷、墨西哥、中国以及印度等国。1990—2019 年美国的玉米生产量一直居世界首位,2019 年美国玉米生产量占据世界玉米生产量的 30.22%。近 30 年间中国玉米生产量仅次于美国,一直排在世界第二位,且从 1990 年的 0.97 亿吨快速增加到 2019 年的 2.61 亿吨,增加幅度达到 169.07%。中国玉米生产量从 2012 年开始已连续 8 年超过 2 亿吨,到 2019 年更是达到 2.61 亿吨(见表 3-3)。

表 3-3 1990—2019 年世界玉米主产国生产量

年份	世界	美国	巴西	墨西哥	印度	阿根廷	中国
1990	48362.07	20153.20	2134.78	1463.54	896.17	540.00	9721.39
1991	49440.76	18986.78	2362.43	1425.15	806.44	768.48	9914.78
1992	53378.93	24071.92	3050.61	1692.93	999.21	1070.05	9577.29
1993	47722.11	16098.58	3005.56	1812.53	960.10	1090.10	10311.00
1994	56866.35	25529.50	3248.76	1823.58	888.44	1036.00	9967.41
1995	51729.90	18797.00	3626.70	1835.29	953.40	1140.40	11236.16
1996	58614.61	23451.78	2965.28	1802.36	1076.90	1051.83	12786.54
1997	58441.19	23386.43	3294.80	1765.63	1081.60	1553.68	10464.76
1998	61508.18	24788.20	2960.18	1845.47	1114.77	1936.09	13319.76
1999	60743.47	23954.86	3223.95	1770.64	1150.96	1350.41	12828.72
2000	59203.87	25185.39	3232.10	1755.69	1204.32	1678.07	10617.83

续表

年份	世界	美国	巴西	墨西哥	印度	阿根廷	中国
2001	61515.24	24137.67	4196.25	2013.43	1316.02	1535.94	11425.60
2002	60355.19	22776.69	3594.08	1929.78	1115.17	1471.21	12018.89
2003	64505.52	25622.90	4832.73	2070.14	1498.43	1504.45	11599.79
2004	72951.79	29987.56	4178.76	2167.02	1417.20	1495.08	13043.43
2005	71419.11	28226.26	3511.33	1933.87	1470.99	2048.26	13949.85
2006	70793.72	26750.29	4266.17	2189.32	1509.70	1444.55	15173.14
2007	79353.24	33117.73	5211.22	2351.28	1895.54	2175.54	15241.89
2008	82979.22	30591.15	5893.33	2432.01	1973.14	2201.69	16603.21
2009	82081.98	33192.11	5071.98	2014.28	1671.95	1312.14	16410.76
2010	85216.06	31561.79	5536.43	2330.19	2172.58	2266.31	17754.08
2011	88703.47	31278.89	5566.02	1763.54	2176.00	2379.98	19290.42
2012	87556.32	27319.24	7107.28	2206.93	2226.00	2119.66	20571.93
2013	101680.26	35127.19	8027.32	2266.40	2425.95	3211.92	21862.19
2014	103961.97	36109.11	7988.16	2327.33	2417.00	3308.72	21581.21
2015	105260.87	34548.63	8528.31	2469.40	2257.00	3381.77	26515.73
2016	112735.13	41226.22	6418.83	2825.02	2590.00	3979.29	26377.78
2017	113865.40	37109.60	9791.07	2776.32	2589.99	4947.59	25925.63
2018	112472.19	36426.22	8236.65	2716.94	2875.29	4346.23	25734.87
2019	114848.73	34704.76	10113.86	2722.82	2771.51	5686.07	26095.77

注：数据来源于FAO，单位：万吨。

尤其，2016年中国玉米生产量达到2.64亿吨，较2014年的2.16亿吨，增长幅度为22.22%。中国一方面通过调整结构减少玉米种植面积，另一方面通过提高玉米消费能力，消化过量玉米库存。如此增减调整使得中国玉米供求形势从结构性过剩转化为当前的产不足需。2017—2019年中国玉米生产量有所回落，向保持玉米供求平衡过渡，这不仅关系到玉米产业，更关系到国家粮食安全。

二、研究作物选择玉米的原因

本研究计量分析都基于中国玉米种植户的家庭调查数据。中国是全球第二大玉米生产国,玉米产量仅次于美国(FAOSTAT)。在过去的40年间,中国玉米总产量从1981年的5920.5万吨大幅增加到2020年的26067万吨[①]。尽管中国玉米总产量显著增加,但由于经济的快速发展和对玉米需求的不断增长,中国玉米市场正从供过于求向供不应求转变。2020年,中国进口玉米数量达到1130万吨,同比增长135.7%,主要用于补充国内玉米供应短缺,用途主要为生产食品、动物饲料和工业生产(Zhou X et al.,2020)。中国玉米供应短缺的原因是玉米生产力较为低下。多年来,中国的玉米单位面积产量明显低于美国和加拿大等其他玉米主要生产国[②](见图3-2)。例如,2018年,美国和加拿大的玉米单位面积产量分别为11864公斤/公顷和9705公斤/公顷,而中国的玉米单位面积产量仅为6104.2公斤/公顷。

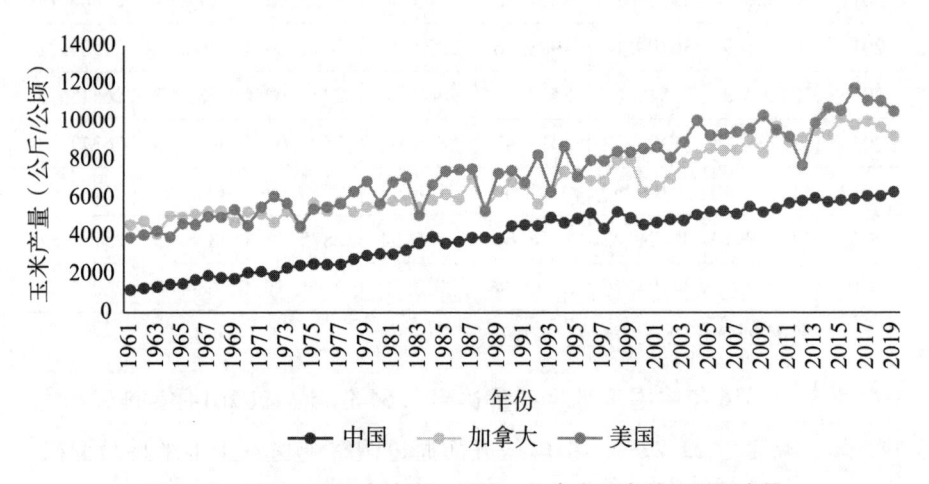

图3-2 1961—2019年中国、美国、加拿大玉米单位面积产量

---

① 中国玉米总产量数据来源于中国国家统计局网站:https://data.stats.gov.cn/easyquery.htm?cn=C01&zb=A0D0F&sj=2020。
② 1961—2019年中国、美国、加拿大的玉米产量数据来源于联合国粮食及农业组织(FAO)数据库:http://www.fao.org/faostat/en/#data。

三、中国粮食播种面积变动情况

基于播种面积的视角来分析，1991—2019 年中国粮食作物的播种面积主要在 1.1 亿~1.2 亿公顷变动（见图 3-3）。粮食播种面积从 1991 年的 112313.6 千公顷变动到 2019 年的 116063.6 千公顷，增加幅度很小。1991—2019 年，中国粮食生产出现了作物种植结构变动，玉米播种面积呈现增长趋势，稻谷和小麦播种面积则减少。具体来分析，玉米播种面积大体上逐年增加，从 1991 年的 21574.27 千公顷增加到 2019 年的 41284.06 千公顷，增加幅度达到 91.36%。稻谷播种面积略有减少，从 1991 年的 32590 千公顷变化为 2019 年的 29693.52 千公顷，减少幅度为 8.89%；而小麦播种面积大体上呈现逐年减少趋势，从 1990 年的 30947.87 千公顷变化为 2019 年的 23727.68 千公顷，减少幅度达到 23.33%。

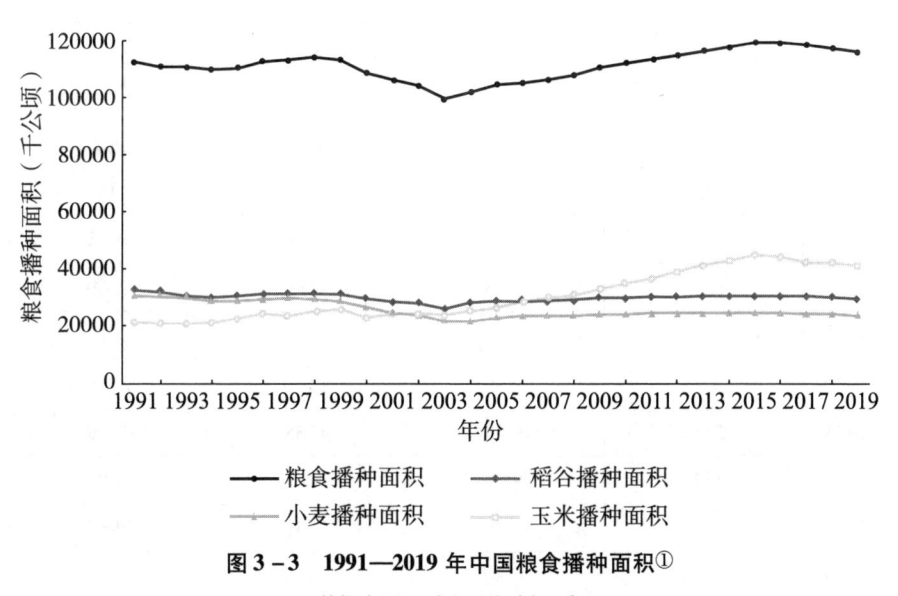

图 3-3 1991—2019 年中国粮食播种面积[①]

（数据来源于《中国统计年鉴》）

[①] 粮食播种面积是指农业生产经营者应在日历年度内收获粮食作物在全部土地（耕地或非耕地）上的播种或移植面积。凡是本年内收获的粮食作物，无论是本年还是上年播种，都算为播种面积，但不包括本年播种，下年收获的粮食作物面积。此外，《中国统计年鉴》中稻谷、小麦、玉米播种面积指标仅统计到 2019 年。

四、中国粮食作物土地生产率的变化情况

如表3-4所示，1949年以来，中国粮食作物土地生产率整体上呈现上升趋势。1949—1978年，中国粮食作物单产从1029千克/公顷增加到2527千克/公顷，增加幅度为145.58%。1978—2018年，中国粮食作物单产从2527千克/公顷增加到5621千克/公顷，增加幅度为122.44%。三大谷物作物中，稻谷单产从1978年的3978千克/公顷增加到2018年的7027千克/公顷，增加幅度为76.65%；小麦单产从1978年的1845千克/公顷增加到2018年的5417千克/公顷，增加幅度为193.60%；玉米单产从1978年的2803千克/公顷增加到2018年的6104千克/公顷，增加幅度为117.77%。

表3-4 1949—2018年中国粮食作物单产[①]

年份	粮食作物单产（千克/公顷）	稻谷单产（千克/公顷）	小麦单产（千克/公顷）	玉米单产（千克/公顷）
1949	1029	1892	642	962
1952	1322	2411	731	1341
1957	1460	2691	858	1435
1962	1270	2338	692	1269
1965	1626	2941	1021	1510
1970	2012	3399	1146	2086
1975	2350	3514	1638	2539
1978	2527	3978	1845	2803
1979	2785	4244	2137	2982
1980	2734	4130	1914	3116
1981	2827	4324	2107	3048

---

① 粮食作物单产=粮食总产量/粮食播种面积。另，《中国农业年鉴》中粮食作物、稻谷、小麦、玉米单产指标统计时间范围是1949—2018年。

续表

年份	粮食作物单产（千克/公顷）	稻谷单产（千克/公顷）	小麦单产（千克/公顷）	玉米单产（千克/公顷）
1982	3124	4886	2449	3266
1983	3396	5096	2802	3623
1984	3608	5373	2969	3960
1985	3483	5256	2937	3607
1986	3529	5338	3040	3705
1987	3630	5413	2983	3921
1988	3630	5355	2968	3928
1989	3690	5595	3043	3878
1990	3975	5805	3194	4524
1991	3930	5745	3101	4578
1992	4082	5918	3331	4533
1993	4131	5854	3519	4963
1994	4063	5831	3426	4693
1995	4239	6024	3542	4917
1996	4482	6212	3734	5203
1997	4376	6319	4102	4387
1998	4502	6366	3685	5267
1999	4493	6345	3947	4945
2000	4261	6272	3738	4598
2001	4267	6163	3806	4699
2002	4399	6189	3777	4925
2003	4332	6061	3932	4813
2004	4621	6311	4252	5120
2005	4642	6260	4275	5287
2006	4716	6232	4593	5394
2007	4748	6433	4608	5167

续表

年份	粮食作物单产（千克/公顷）	稻谷单产（千克/公顷）	小麦单产（千克/公顷）	玉米单产（千克/公顷）
2008	4951	6563	4762	5556
2009	4871	6585	4739	5258
2010	4974	6553	4748	5454
2011	5166	6687	4837	5748
2012	5302	6777	4987	5870
2013	5376.6	6717.3	5055.6	6015.9
2014	5385	6813	5244	5809
2015	5482.8	6891.3	5392.6	5892.9
2016	5452	6862	5327	5971
2017	5607	6917	5481	6110
2018	5621	7027	5417	6104

注：数据来源于《中国农业年鉴》。

2018年，三大谷类作物中单产水平由高到低排序依次为：稻谷、玉米、小麦，其单产水平分别是7027千克/公顷、6104千克/公顷、5417千克/公顷。

1949—2018年，中国三大主粮作物中单产水平在同一年份相互之间的大小关系一直表现为：稻谷单产＞玉米单产＞小麦单产（见图3-4）。稻谷单产从1949年的1892千克/公顷增加到2018年的7027千克/公顷，增加了2.71倍；小麦单产从1949年的642千克/公顷增加到2018年的5417千克/公顷，增加了7.44倍；玉米单产从1949年的962千克/公顷增加到2018年的6104千克/公顷，增加了5.35倍；1949—2018年中国三大主粮作物中单产水平增速最快的是小麦。

1949—1969年，中国玉米单产水平低于同年中国粮食作物单产水平；1970—2018年，中国玉米单产水平则高于同年中国粮食作物单产水平。1980—1990年，家庭联产承包责任制的实施和粮食收购价格的提高激发了农户种粮积极性；1991—2003年中国玉米单产水平从4578千克/公顷波动变化到4813千克/公顷，玉米生产进入低谷期，主要原因是粮价持续低迷，种粮收益低，农民种粮积极性较差，农村劳动力进而大量转移。2004年开始，中央出台免征农业税、粮食直补、良种补贴、农机购置补贴等政策，加上玉米工业消费量的快速增加促进了玉米优势品种的选育推广，这些都使得玉米单产水平的增速有所提高。玉米是中国最重要的饲料作物，也是加工、能源等战略物资之一，玉米的需求快速上升也带动了玉米单产的提升。

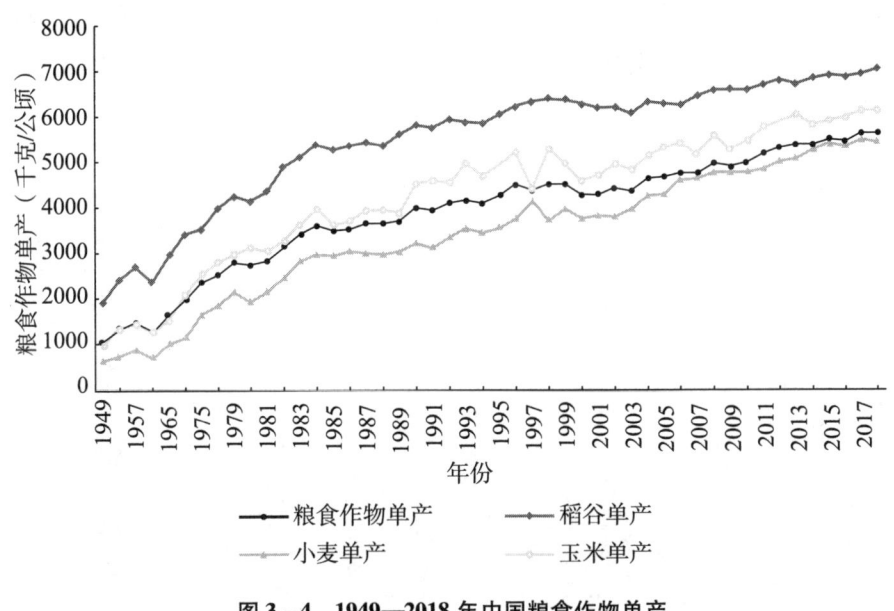

图 3-4　1949—2018 年中国粮食作物单产

（数据来源于《中国农业年鉴》）

五、人均耕地面积的基本情况

深入实施藏粮于地、藏粮于技战略，严守 18 亿亩耕地红线，可以有效保障中国粮食的生产能力。土地是农户最为重要的生产资料，农户的耕地禀赋直接构成了粮食生产的基础。但是"人均一亩三分地，户均不过十亩田，地形地貌复杂多样"是中国耕地的真实写照；USDA（2017）的数据显示美国农场平均规模为 442 英亩，巴西农场平均规模近 5000 亩（龙吉泽，2014），德国农场平均规模为330亩（周应恒等，2016），而日本农户平均耕地面积也达到15~30亩。

中国人均耕地面积从2005年的1.40亩上升到2017年的1.46亩，上升幅度较小；但是，2013—2017年中国人均耕地面积基本呈现逐年递减趋势（见图3-5）。2017年世界人均耕地面积为2.89亩，中国人均耕地面积仅占世界平均水平的50.52%。中国需要养活约占世界1/5的人口，人均耕地面积却远低于世界平均水平；面对中国分散的小规模农业家庭经营现状，中国很多地区难以推广欧美国家"大型农机+农业规模化经营"发展模式，而是采用农机社会化服务，以服务规模化来弥补土地规模化的短板，在一定程度上释放了农业劳动力，促进了小农户和现代农业发展的有机衔接。

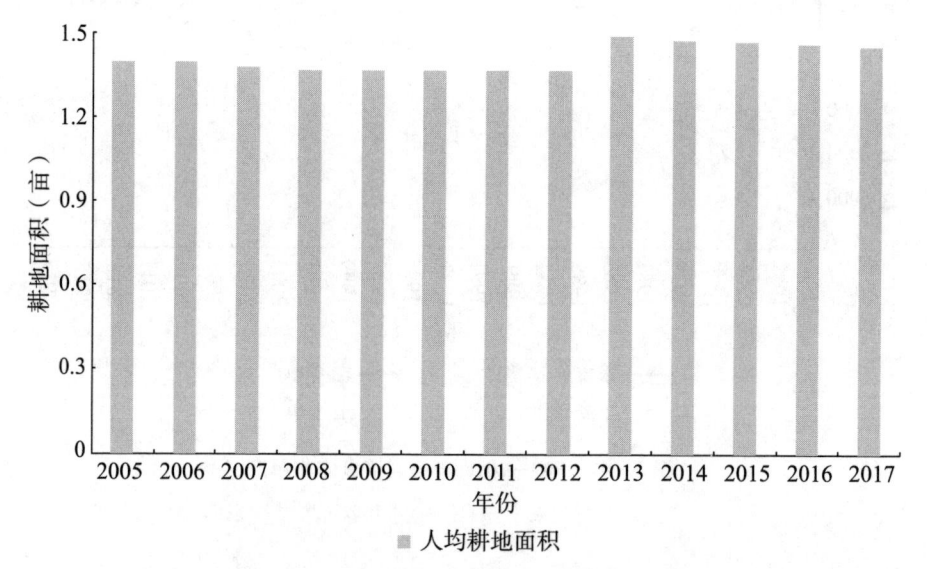

图3-5 2005—2017年中国人均耕地面积①

（数据来源于《中国环境统计年鉴》）

六、农业劳动力投入的基本情况

从表3-5可得，2011—2020年西方发达国家（法国、美国、加拿大、

---

① 《中国环境统计年鉴》中人均耕地面积（亩）指标统计时间范围是：2005—2017年。

澳大利亚)的农业劳动力占全社会劳动力比重基本在3%以下,2011—2020年亚洲发达国家(日本、韩国)的农业劳动力占全社会劳动力比重基本在3%—6.5%之间,稍高于西方发达国家水平。值得注意的是,日本农业劳动力占全社会劳动力比重从2011年的3.68%下降到2020年的3.19%,下降幅度达到13.32%。相较于2020年韩国农业劳动力占其全社会劳动力比重的5.35%,2020年日本农业劳动力占全社会劳动力比重为3.19%,已较接近西方发达国家水平。

表3-5 2011—2020年发达国家农业劳动力占全社会劳动力比重

年份	农业劳动力占全社会劳动力比重(%)					
	日本	韩国	法国	加拿大	美国	澳大利亚
2011	3.68	6.37	2.90	1.79	1.44	2.82
2012	3.83	6.13	2.91	1.75	1.38	2.80
2013	3.69	5.98	3.05	1.77	1.32	2.62
2014	3.62	5.58	2.82	1.71	1.35	2.80
2015	3.58	5.21	2.68	1.64	1.44	2.64
2016	3.45	4.92	2.82	1.60	1.43	2.62
2017	3.38	4.91	2.57	1.52	1.43	2.60
2018	3.42	4.98	2.46	1.49	1.37	2.62
2019	3.30	5.12	2.50	1.51	1.36	2.56
2020	3.19	5.35	—	1.56	1.42	2.76

数据来源:联合国粮农组织

发达国家农业经营已基本实现家庭农场化、规模经营化。2011—2020年,发达国家农业劳动力人数变化不大(见表3-6)。其中,日本农业劳动力人数下降了14.46%,韩国农业劳动力人数下降了7.55%,法国农业劳动力人数下降了9.12%,加拿大农业劳动力人数下降了8.77%,美国和澳大利亚的农业劳动力人数则略有上升。

表 3-6　2011—2020 年发达国家农业劳动力人数

年份	农业劳动力人数（千人）					
	日本	韩国	法国	加拿大	美国	澳大利亚
2011	2490	1563	746	308	2021	315
2012	2400	1531	750	306	1967	317
2013	2330	1513	786	314	1896	299
2014	2300	1446	743	305	1971	324
2015	2280	1373	709	295	2139	311
2016	2220	1307	751	352	2165	314
2017	2210	1319	691	280	2188	318
2018	2280	1340	666	277	2133	330
2019	2220	1395	678	288	2137	330
2020	2130	1445	—	281	2101	350

数据来源：联合国粮农组织

1978 年以来，中国实施家庭联产承包责任制，农业劳动力快速减少。中国农业就业人员占就业总数的比重从 1978 年的 70.53% 快速下降到 2019 年的 25.36%（见图 3-6）。2019 年，中国农业就业人员占就业总数的比重与世界平均水平基本持平，但仍与美国、日本的农业就业人员占其就业总数比重相差甚远。

中国农业部门劳动力比重下降主要是因为以下两个方面。一是改革开放以来，乡镇企业的飞速发展给农村带来了大量的非农就业机会，同时，中国乡镇企业数在 1978—1997 年从 1500 万家增长到 2 亿家（林毅夫等，1999），乡镇企业的发展帮助中国农村实现了从农业生产为主到农工商并举的过渡。二是随着中国工业化、城镇化进程加快，农业部门与非农部门的比较收益率存在较大差距，使得农村劳动力更倾向于转移到非农部门就业。在户籍制度限制条件放松的前提下，2020 年中国外出务工的农民数量高达 2.86 亿[1]，外

---

[1] 数据来源于国家统计局《2020 年农民工监测调查报告》。

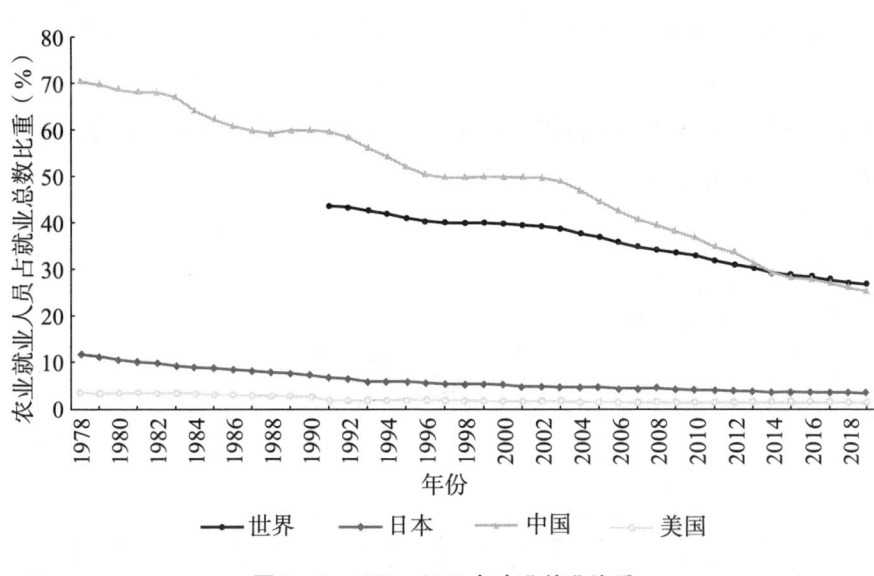

出务工促进了农村劳动力进一步向城市流动配置。

图 3-6　1978—2019 年农业就业比重

（数据来源于世界银行）

世界农业就业人员占就业总数比重的平均水平从 1991 年的 43.78% 逐渐下降到 2019 年的 26.86%，1991 年世界超过 43.78% 的劳动力从事农业，而到 2019 年世界从事农业的劳动力比重下降到 26.86%，农业劳动力比重快速下降成为世界农业发展趋势。发达国家农业劳动力占就业总数比例极低，日本农业就业人员占就业总数的比重从 1978 年的 11.7% 逐渐下降到 2019 年的 3.42%。与此同时，美国农业就业人员占就业总数的比重从 1978 年的 3.53% 逐渐下降到 2019 年的 1.34%。

用工量[①]也表征了农业劳动力投入。2000—2019 年中国粮食作物每亩用工量、稻谷每亩用工量、小麦每亩用工量以及玉米每亩用工量均呈现下降趋势（见图 3-7）。粮食作物每亩用工量从 2000 年的 12.20 日减少到 2019 年的 4.64 日，减少幅度为 61.97%；稻谷每亩用工量从 2000 年的 14.60 日减少到 2019 年的 5.13 日，减少幅度为 64.86%；小麦每亩用工量

---

① 每亩用工量（日）= 每亩家庭用工天数 + 每亩雇工天数。

从2000年的7.90日减少到2019年的3.92日，减少幅度为50.38%；玉米每亩用工量从2000年的12.40日减少到2019年的4.87日，减少幅度为60.73%。从2000—2019年中国粮食作物每亩用工量的统计情况可看出，稻谷每亩用工量＞玉米每亩用工量＞小麦每亩用工量，稻谷需要的劳动力投入超过玉米和小麦。

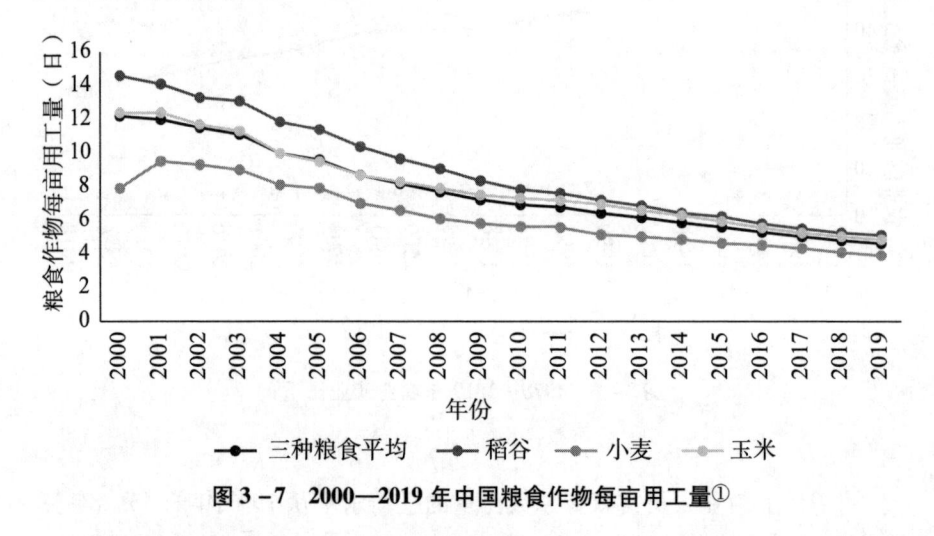

图3-7 2000—2019年中国粮食作物每亩用工量①

最近几十年，中国农业劳动力不断转移，农村空心化、农户兼业化、农民老龄化问题严重，但是中国粮食生产连年丰收，粮食产量持续稳定在1.3万亿斤以上。这种现象的出现很可能是由于农业机械对农业劳动力的替代，那么中国粮食生产和农业机械化发展存在何种逻辑联系？这仍有待研究。

第二节 中国农业机械化发展现状

一、中国农业机械化程度不断提高

农业农村部原副部长张桃林（2012）指出，农业机械是发展现代农业

---

① 数据来源于《全国农产品成本收益资料汇编》。

的关键物质基础。从 1952 年开始，中国农业机械化程度总体呈现上升趋势，农业机械总动力①从 1952 年的 18.40 万千瓦上升为 2020 年的 105550 万千瓦，中国农业生产方式从人畜力为主的传统耕种方式转换为农业机械为主的现代农业集群方式，但是中国不同地区农业机械化发展水平存在较大差异。粮食主产区（河北、山东、河南）的农业机械总动力较高，其中 2019 年山东省、河南省的农业机械总动力均达到 1 亿千瓦以上；而西藏、青海、宁夏、海南等地区处在农业机械化发展的初级阶段，受经济水平、自然环境、地形等因素影响，农机普及应用程度较低，这些地区 2019 年的农业机械总动力均在 650 万千瓦以下（见表 3-7）。

表 3-7 2011—2019 年中国农业机械总动力的地区差异

年份	农业机械总动力（万千瓦）								
	2011	2012	2013	2014	2015	2016	2017	2018	2019
全国总计	97734.7	102559.0	103906.8	108056.6	111728.1	97245.6	98783.3	100371.7	102758.3
北京	265.2	241.1	207.7	195.8	186.1	144.5	133.5	125.7	122.8
天津	583.9	568.1	554.2	552.3	546.9	470.0	464.7	348.0	359.8
河北	10349.2	10553.8	10762.7	10942.9	11102.8	7402.0	7580.6	7706.2	7830.7
山西	2927.3	3056.1	3183.3	3286.2	3351.7	1744.3	1376.3	1441.1	1517.6
内蒙古	3172.7	3280.6	3430.6	3632.6	3805.1	3331.1	3483.6	3663.7	3866.4
辽宁	2399.9	2526.9	2632.0	2730.4	2813.9	2168.5	2215.1	2243.7	2353.9
吉林	2355.0	2554.7	2730.0	2919.1	3152.5	3105.3	3284.7	3466.0	3653.7
黑龙江	4097.8	4552.9	4849.3	5155.5	5442.3	5634.3	5813.8	6084.7	6359.1
上海	105.7	112.7	113.2	117.4	119.0	122.3	121.8	94.0	98.0
江苏	4106.1	4214.6	4405.6	4650.0	4825.5	4906.6	4991.4	5017.7	5112.0
浙江	2461.2	2489.4	2462.2	2420.1	2360.7	2136.7	2072.3	2009.3	1908.0
安徽	5657.1	5902.8	6140.3	6365.8	6581.0	6867.5	6312.9	6543.8	6650.5

---

① 农业机械总动力是指全部农业机械动力的额定功率之和。农业机械是指用于种植业、畜牧业、渔业、农产品初加工、农用运输和农田基本建设等活动的机械及设备。

续表

年份	农业机械总动力（万千瓦）								
	2011	2012	2013	2014	2015	2016	2017	2018	2019
福建	1250.8	1286.8	1336.8	1368.4	1384.1	1269.1	1232.4	1228.3	1237.7
江西	4200.0	4599.7	2014.1	2118.4	2260.8	2201.6	2309.6	2382.0	2470.7
山东	12098.3	12419.9	12739.8	13101.4	13353.0	9797.6	10144.0	10415.2	10679.8
河南	10515.8	10872.7	11150.0	11476.8	11710.1	9855.0	10038.3	10204.5	10357.0
湖北	3571.2	3842.2	4081.1	4292.9	4468.1	4187.8	4335.1	4424.6	4515.7
湖南	4935.6	5189.2	5434.0	5672.1	5894.1	6097.5	6254.8	6338.6	6471.8
广东	2414.8	2496.7	2564.9	2632.4	2696.8	2390.5	2410.8	2429.9	2455.8
广西	3033.1	3195.9	3383.0	3567.5	3803.2	3527.3	3658.3	3750.8	3840.0
海南	444.3	479.7	502.1	517.3	511.6	516.6	569.8	565.8	581.2
重庆	1140.3	1162.0	1198.9	1243.3	1299.7	1318.7	1352.6	1428.1	1464.7
四川	3426.1	3694.3	3953.1	4160.1	4404.5	4267.3	4420.3	4603.9	4682.3
贵州	1851.4	2106.7	2240.8	2458.4	2575.2	2041.1	2181.4	2376.7	2484.6
云南	2628.4	2874.5	3070.3	3215.0	3333.0	3440.6	3534.5	2693.5	2714.4
西藏	427.9	465.0	517.3	570.8	619.7	635.1	523.1	545.8	559.0
陕西	2182.9	2350.2	2452.7	2552.1	2667.3	2171.9	2242.5	2311.8	2331.5
甘肃	2136.5	2279.1	2418.5	2545.7	2685.0	1903.9	2018.6	2102.8	2174.0
青海	430.7	435.0	410.6	440.9	453.9	458.6	462.4	472.1	484.2
宁夏	768.7	787.3	802.0	813.0	831.3	580.5	605.4	621.9	632.2
新疆	1796.7	1968.9	2165.9	2341.8	2489.3	2552.2	2638.8	2731.8	2789.0

注：数据来源于《中国统计年鉴》。

2011—2019年，吉林、黑龙江、新疆等地农业机械总动力增速很快，2019年这些地区的农业机械总动力较2011年都至少提高了55个百分点，是全国近9年农业机械化发展提升速度最快的地区；接着是四川、贵州、湖南等省份，2011—2019年农业机械总动力增速基本在31~36个百分点。区域间农机发展速度的差异也导致了各地区农业机械化水平差距的持续扩大，进而使中国农业机械化水平呈现区域发展不平衡的状态。

2004年，中国正式出台第一部关于农业机械化的法律——《农业机械化促进法》，农业机械化进入高速发展时期。中国农业机械总动力从2004年的64027.91万千瓦快速上涨到2020年的105550万千瓦，增长幅度达到64.85%（见图3-8）。

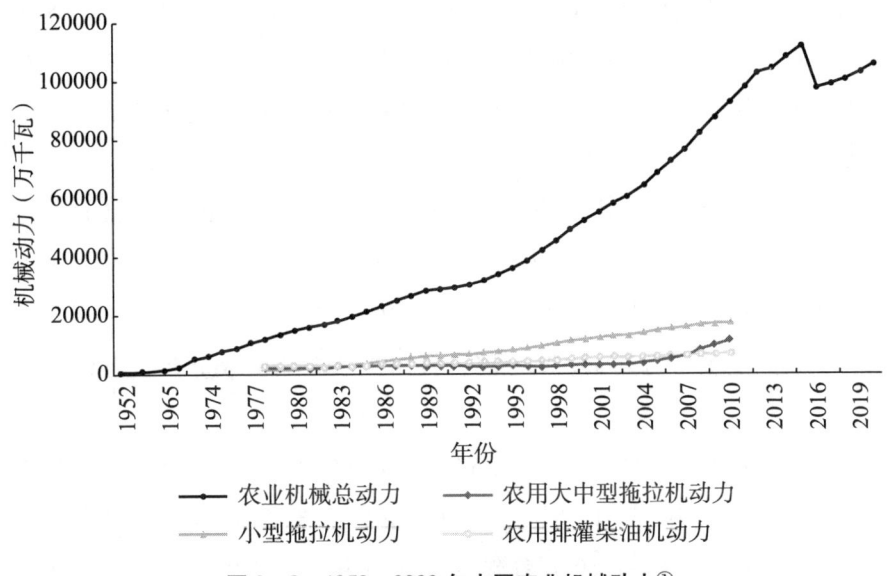

图3-8　1952—2020年中国农业机械动力①

（数据来源于《中国统计年鉴》）

1978年，中国有农用大中型拖拉机55.74万台，小型拖拉机137.3万台，农用排灌柴油机265.7万台。1978年，家庭联产承包责任制在安徽省凤阳县小岗村开始试点；1982年，改革开放以来第一个关于农村工作的中央一号文件——《全国农村工作会议纪要》出台，确定在全国范围推广家庭联产承包责任制（包干到户、包产到户）；到1983年初，家庭联产承包责任制便推广到中国农村93%的生产队。受1982年开始在全国大范围内实施的家庭联产承包责任制政策影响，中国小型拖拉机和农用排灌柴油机数量快速增加，而农用大中型拖拉机数量则是波动下降。中国小型拖拉机

---

① 《中国统计年鉴》中农用大中型拖拉机动力（万千瓦）、小型拖拉机动力（万千瓦）和农用排灌柴油机动力（万千瓦）指标只统计了1978—2010年。

数量从1982年的228.7万台快速上升到1996年的918.92万台，增加幅度为301.80%，小型拖拉机配套农具数量也从1982年的230.5万部快速上升到1996年的1091.15万部，增加幅度为373.38%；农用排灌柴油机数量从1982年的284.2万台上升到1996年的509.29万台，增加幅度为79.20%。农用大中型拖拉机数量从1982年的81.24万台下降到1996年的67.08万台，下降幅度为17.43%，农用大中型拖拉机配套农具数量也呈现类似的下降趋势，从1982年的137.40万部下降到1996年的104.99万部，下降幅度为23.59%。

而后，中国农用大中型拖拉机数量开始回升。到2000年，农用大中型拖拉机数量上升为97.45万台，农用大中型拖拉机配套农具数量上升为139.99万部；此时小型拖拉机数量上升为1264.37万台，小型拖拉机配套农具数量上升为1788.79万部，农用排灌柴油机数量上升为688.12万台。

2004年伊始，中国第一部农业机械化法律的出台使得农业机械化进入黄金发展时期。中国农用大中型拖拉机开始井喷式发展，农用大中型拖拉机数量从2004年的111.86万台激增到2014年的567.95万台，农用大中型拖拉机配套农具数量从2004年的188.71万部快速增加到2014年的889.64万部；小型拖拉机数量从2004年的1454.93万台增加到2014年的1729.77万台，小型拖拉机配套农具数量从2004年的2309.69万部增加到2014年的3053.63万部，农用排灌柴油机数量从2004年的777.54万台增加到2014年的936.13万台。

近5年来，中国农业机械数量虽有所减少，但仍处于较高拥有量水平。到2019年，中国农用大中型拖拉机443.86万台，农用大中型拖拉机配套农具436.47万部，小型拖拉机1780.42万台。

农业机械化的装备基础不仅包括农用大中型拖拉机、小型拖拉机和农用排灌柴油机，还包括耕整地及种植机械（耕整机、播种机）、农用排灌机械（农用水泵、节水灌溉类机械）、机动植保机械、收获机械（联合收获机、割晒机）等。1978—2017年种植业各环节主要农业机械拥有量呈总体上升趋势，其中耕整机、播种机、农用水泵和联合收获机拥有量增加较快，耕整机拥有量从 2004 年的 123.84 万台快速增加到 2017 年的 1062.76 万台，播种机拥有量从 2004 年的 327.3 万台快速增加到 2017 年的 646.67 万台，农用水泵拥有量从 2004 年的 1646.19 万台快速增加到 2017 年的 2232.72 万台，联合收获机拥有量从 2004 年的 40.66 万台快速增加到 2017 年的 198.54 万台（见图 3-9）。

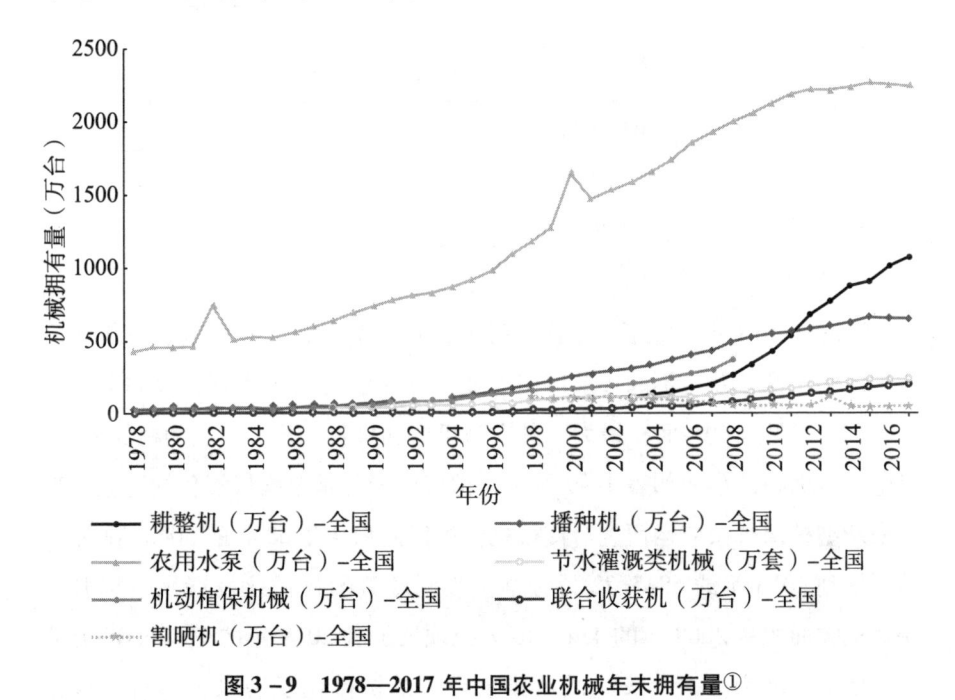

图 3-9　1978—2017 年中国农业机械年末拥有量①

种植业农业机械主要可分为耕整地机械、播种机械、排灌机械、植保机械和收获机械，如表 3-8 所示。种植业各环节均有对应使用的现代农业机械，从 1978—2017 年种植业各环节农业机械年末拥有量及其逐年变化情况可以得出，各环节的机械化水平仍存在一定的差距。

---

① 数据来源于《中国农业年鉴》（2022）。中国农业年鉴中 2009—2017 年的机动植保机械（万台）为空值。由于中国农业年鉴中 2018 年耕整机、播种机、机动植保机械以及割晒机均为空值，所以本图统计区间定为 1978—2017 年。

表 3-8 种植业农业机械分类

环节	耕整地机械	播种机械	排灌机械	植保机械	收获机械
机械类型	耕整机	播种机	农用水泵	机动喷雾（粉）机	联合收获机
	机耕船	水稻直播机	节水灌溉类机械	茶叶修剪机	割晒机
	机引犁	水稻插秧机	排灌动力机械		
	机引耙	水稻浅栽机			
	旋耕机	化肥深施机			
	深松机	机引铺膜机			

注：资料来源于《中国农业年鉴》（2022）。

2008—2018年，除了机电灌溉环节，农业生产其他各环节农机作业面积均逐年上升，并且不同环节应用农业机械作业的面积呈现较大差异。由图3-10可见，机耕面积最大，其次为机播和机收面积，再次为植保面积，机电灌溉面积最小。如表3-9所示，植保机械曾是全程机械化的短板，近年来新型植保机械应运而生，使得机械植保面积从2008年的5043.59万公顷增加到2016年的6845.22万公顷。收割环节的机械化发展水平提升最快，机收面积从2008年的4748.40万公顷增加到2018年的10026.05万公顷，增加幅度为111.15%。灌溉排水环节的机械化发展水平一直难以提升，机电灌溉面积基本稳定在5300万公顷上下。播种环节的机械化发展速度仅次于收割环节，机播面积从2008年的5897.43万公顷增加到2018年的9444.06万公顷，增加幅度为60.14%。在耕、播、植、灌、收五个农业生产环节中，耕整地环节的机械化发展水平一直处于领先地位，机耕面积从2008年的9115.26万公顷增加到2018年的12361.11万公顷。

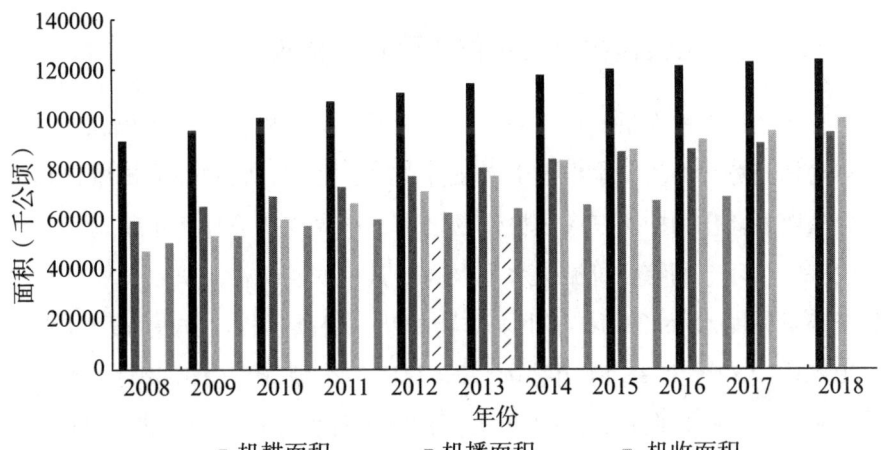

图 3-10　2008—2018 年中国农机化作业总体情况①

表 3-9　农业生产主要环节农机作业情况

年份	机耕面积（千公顷）	机播面积（千公顷）	机收面积（千公顷）	机电灌溉面积（千公顷）	机械植保面积（千公顷）
2008	91152.6	58974.3	47484.0		50435.9
2009	95719.3	65093.1	53408.7		53237.0
2010	100603.9	69160.9	59846.7		57364.2
2011	106880.9	72916.9	66006.4		59713.4
2012	110284.8	76794.2	71168.9	52295.5	62637.2
2013	113757.8	80309.6	77416.0	53164.2	64098.9
2014	117417.7	83956.3	83269.9		65655.5
2015	119876.0	86651.0	87644.0		67262.0
2016	121017.7	87917.8	91722.4		68452.2
2017	122704.0	90045.7	94900.5		
2018	123611.1	94440.6	100260.5		

注：数据来源于《中国农业年鉴》（2022），其中，历年机电灌溉面积缺失值较多，数据可得性较差。

---

① 数据来源于《中国农业年鉴》（2022）。

二、三大主粮作物农机化作业面积差异较大

三大主粮作物在耕整地、播种、收割环节的农机化作业面积总体上呈逐年增加趋势。小麦、水稻、玉米在耕整地、播种、收割环节机械化程度差异较明显。作为中国三大主粮作物之一，小麦在所有作物中耕地、播种和收获三个环节的综合机械化水平最高，其机耕、机播、机收作业面积也处于相对较高水平。2016年小麦作物机耕、机播、机收作业面积分别为2220.53万公顷、2125.81万公顷、2267.16万公顷（见表3-10）。水稻作物的机种作业曾是弱项，2008年水稻作物机种作业面积仅为401.44万公顷，2016年水稻作物机种作业面积增加到1341.44万公顷，增加幅度达到234.16%。2016年玉米作物在机耕、机播、机收环节农机化作业面积分别为2579.37万公顷、3082.82万公顷、2451.67万公顷。

表3-10 2008—2016年小麦、水稻和玉米作物的农机化作业面积

年份	小麦			水稻			玉米		
	机耕	机播	机收	机耕	机种	机收	机耕	机播	机收
2008	20888.3	19196.6	19800.4	22985.3	4014.4	14961.1	16482.7	19298.9	3168.5
2009	22011.7	20495.3	20907.7	24570.8	4950.1	16795.0	18847.6	22600.5	5273.3
2010	21973.7	20696.0	21456.0	25880.9	6230.7	19266.8	20121.0	24855.8	8379.5
2011	21799.2	20860.7	22098.3	27172.0	7888.0	20834.8	21826.6	26800.5	11267.6
2012	21969.3	20885.9	22034.3	28263.0	9594.6	22222.8	24005.1	28762.0	14844.2
2013	21393.2	20907.0	22099.3	29127.4	10943.5	23952.2	25035.7	30535.1	18293.3
2014	21675.4	20936.3	22458.2	29521.7	11989.9	25172.7	25673.4	31131.9	21049.9
2015	21963.0	21134.0	22681.0	29728.2	12770.4	25698.3	27974.0	33020.0	24135.0
2016	22205.3	21258.1	22671.6	29814.9	13414.4	26289.6	25793.7	30828.2	24516.7

注：数据来源于《中国农业年鉴》，单位：千公顷。

第三节 农机服务发展现状

一、农机服务主体组织化

美国的大规模农业经营与日本、韩国的中小规模农业经营主要是由农户自购农机用于农业生产，而中国存在农民户均耕地面积较小的现实情况，那么小规模农户经营与农业机械化大生产间的矛盾如何协调？农机化作业服务组织、农机专业合作社、农机化作业服务专业户的出现就是最好的解决之道。随着中国农机服务的发展，农机服务的供给主体也变得更加多元化，不再只是由单一主体提供农机服务，形成了以农机化作业服务组织、农机专业合作社、农机化作业服务专业户（农机户）为代表的供给主体。如表3-11所示，2012—2016年，农机化作业服务专业户数量减少，而农机化作业服务组织数量及人数、农机专业合作社数量及人数则逐年增加，这说明农机服务主体在由多元化向组织化演变。

表3-11 2012—2016年中国农业机械化服务主体及人员情况

年份	2012	2013	2014	2015	2016
农机化作业服务组织数量（万个）	16.70	16.86	17.51	18.25	18.73
农机化作业服务组织人数（万人）	144.91	170.79	189.48	199.3	208.07
农机专业合作社数量（万个）	3.44	4.22	4.94	5.65	6.32
农机专业合作社人数（万人）	81.78	109.72	129.22	138.3	144.94
农机化作业服务专业户数量（万户）	519.62	524.27	525.08	522.86	505.59

注：数据来源于《中国农业机械工业年鉴》(2017)，以上指标仅统计到2016年。

二、农业社会化服务

近年来，农业社会化服务蓬勃发展，社会化服务组织提供了专业化、规模化、集约化的农业生产服务，有效带动了小规模农户衔接现代农业发展。农业农村部的数据显示，截至2019年底，中国农业社会化服务项目在

22个省（市）632个试点县实施，补助面积达到2813万亩，示范带动了中国农业社会化服务面积超过15亿亩次，其中服务粮食作物面积惠及8.63亿亩次。农业社会化服务带动小农户超6000万户（占全国农业经营户的30%）融入现代农业发展轨道，在不改变农户土地所有权、承包经营权的基础上，提供粮食生产的耕整地、播种、植保、灌溉、收获等环节的服务。

2020年3月3日，中央印发《当前春耕生产工作指南》对粮食生产进行重点支持和专门指导，科学有效进行防灾减灾。总体来看，新冠疫情对中国粮食生产造成的影响较小。据农业农村部统计，到2020年底，农业社会化服务面积超过16亿亩次，较上年同期增加了1亿亩次。其中服务粮食作物面积惠及9亿亩次，较上年同期增加了0.37亿亩次。中国现有农业社会化服务组织超过90万个，农业社会化服务带动小农户7000多万户（见表3-12）。

表3-12 中国农机社会化服务的发展现状

农机社会化服务	服务面积（亿亩）	增长比例（%）	社会化服务组织个数（万个）	增长比例（%）	服务农户个数（万个）	增长比例（%）
2016年	1.76	—	15.3			
2017年	2.32	31.82	22.7	48.37	3600	—
2018年	3.64	56.90	37	63.00	4630	28.61
2019年	15	312.09	44	18.92	6000	29.59
2020年	16	6.67	90	104.55	7000	16.67

注：数据来源于《中国农村经营管理统计年报2016—2020》和http://www.gov.cn/xinwen/2021-02/08/content_5585835.htm.

后续，财政部和农业农村部将进一步加大支持力度，增加财政资金投入，并出台各项政策措施推进农业社会化服务的发展，切实解决中国农村"谁来种地"的现实问题。农业社会化服务重点关注于小农户，截至2020年底，中国现有承包耕地农户约为2.07亿，其中95%的承包耕地农户的耕地面积都在 30 亩及以下，小农户在很长时间内依旧是中国农业生产的主体。农业社会化服务使得从事粮食生产弱势的小农户成为农业适度规模经营的真正受益者，也在一定程度上避免了土地撂荒现象的发生。

三、中央财政对农业社会化服务的支持力度

从 2013 年开始，中央财政专门拨付资金用于支持农业社会化服务的发展，以服务在先、补贴在后的方式对农业社会化服务组织、农村集体经济组织、农业合作社、农机户等服务主体进行支持，重点帮扶生产粮棉油糖等重要农产品的小农户。2013—2020 年，中央财政不断增加资金投入农业社会化服务，中央财政支持力度从 2013 年的 5 亿元增加到 2020 年的 45 亿元，增加了 8 倍（见图 3-11）。这 8 年间中央财政为支持农业社会化服务共投入资金 190 亿元，该项目惠及 29 个省份。

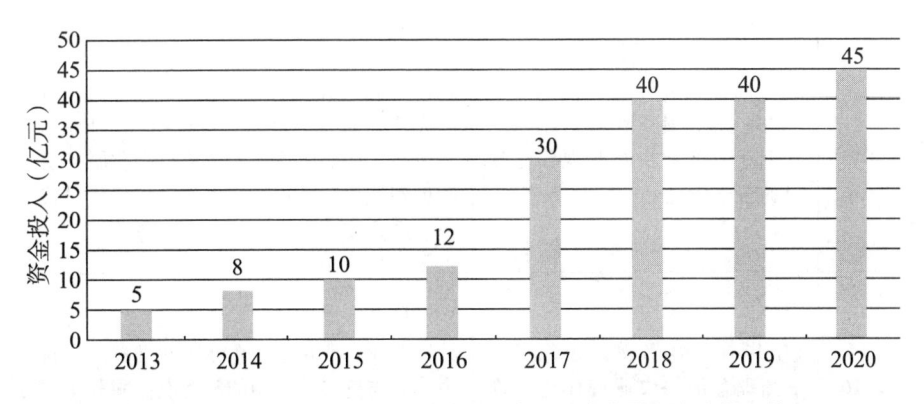

图 3-11　2013—2020 年中央财政支持农业社会化服务资金投入情况

四、农业社会化服务的政策支撑

中央高度重视农业社会化服务的发展，原因在于其在稳定粮食生产、促进乡村振兴方面发挥了重要作用。从 2012 年开始，中央一号文件已经连续 10 年提到农业社会化服务（见表 3-13），中央支持农业社会化服务的发展进而助力中国农业农村现代化转型发展，让广大农户参与到农业现代

化进程中来，共同分享现代农业的成果。

表3-13 近10年中央一号文件对农业社会化服务的相关论述

年份	文件名	农业社会化服务的相关论述
2012	《中共中央 国务院关于加快推进农业科技创新持续增强农产品供给保障能力的若干意见》	提升农业技术推广能力，大力发展农业社会服务。 培育和支持新型农业社会化服务组织。
2013	《中共中央 国务院关于加快发展现代农业进一步增强农村发展活力的若干意见》	构建农业社会化服务新机制，大力培育发展多元服务主体。 建设中国特色现代农业，必须建立完善的农业社会化服务体系。
2014	《中共中央 国务院关于全面深化农村改革加快推进农业现代化的若干意见》	健全农业社会化服务体系。 大力发展主体多元、形式多样、竞争充分的社会化服务，推行合作式、订单式、托管式等服务模式。
2015	《中共中央 国务院关于加大改革创新力度加快农业现代化建设的若干意见》	强化农业社会化服务。增加农民收入，必须完善农业服务体系，帮助农民降成本、控风险。抓好农业生产全程社会化服务机制创新试点，重点支持为农户提供代耕代收、统防统治、烘干储藏等服务。
2016	《中共中央 国务院关于落实发展新理念加快农业现代化实现全面小康目标的若干意见》	积极培育家庭农场、专业大户、农民合作社、农业产业化龙头企业等新型农业经营主体。支持多种类型的新型农业服务主体开展代耕代种、联耕联种、土地托管等专业化规模化服务。
2017	《中共中央 国务院关于深入推进农业供给侧结构性改革加快培育农业农村发展新动能的若干意见》	加快发展土地流转型、服务带动型等多种形式规模经营。 总结推广农业生产全程社会化服务试点经验，扶持培育农机作业、农田灌排、统防统治、烘干仓储等经营性服务组织。

续表

年份	文件名	农业社会化服务的相关论述
2018	《中共中央 国务院关于实施乡村振兴战略的意见》	培育各类专业化市场化服务组织，推进农业生产全程社会化服务，帮助小农户节本增效。 发展多种形式适度规模经营。
2019	《中共中央 国务院关于坚持农业农村优先发展做好"三农"工作的若干意见》	落实扶持小农户和现代农业发展有机衔接的政策。 加快培育各类社会化服务组织，为一家一户提供全程社会化服务。
2020	《中共中央 国务院关于抓好"三农"领域重点工作确保如期实现全面小康的意见》	鼓励发展多种形式适度规模经营，健全面向小农户的农业社会化服务体系。
2021	《中共中央 国务院关于全面推进乡村振兴加快农业农村现代化的意见》	推进现代农业经营体系建设。 发展壮大农业专业化社会化服务组织。

注：作者根据历年中央一号文件搜集整理。

一方面，提高农业社会化服务的组织化程度，把小农户组织起来融入现代农业分工体系中，共同分享利益。另一方面，加大政策扶持力度，支持社会化服务主体购置农机及配套设施，延长服务链条，为新型农业经营主体提供服务支撑，也让小农户真正受益于农业社会化服务。农业社会化服务在农业生产进程上与农户经营有机结合，有效突破"谁来种地""怎样种地""谁来服务"的现实困境。

本书在理清中国农业机械化、农机社会化服务以及粮食生产现状后，利用对中国13个玉米主产省份的微观调查数据，采用计量方法分析农机社会化服务对劳动生产率的影响研究。

第四节　中国农业劳动生产率现状

根据定义：农业劳动生产率 = 农业总产值（亿元）/第一产业就业人

员（万人）。通过计算得出，中国农业劳动生产率从1978年的394.63元/人逐渐增加到2020年的40501.40元/人。1978—1996年，家庭联产承包责任制逐步全面推行，中国农业劳动生产率进入增长期，从1978年的394.63元/人增加到1996年的3888.51元/人（见图3-12）。1997—2003年，户籍管理制度改革，城镇化进程加快，中国农业劳动生产率上下波动，从1997年的3976.03元/人变化到2003年的4107.31元/人。2004—2020年，国家加大财政支农力度，发展现代农业产业以提质增效，中国农业劳动生产率开始稳步增加，从2004年的5207.68元/人逐年递增到2020年的40501.40元/人。

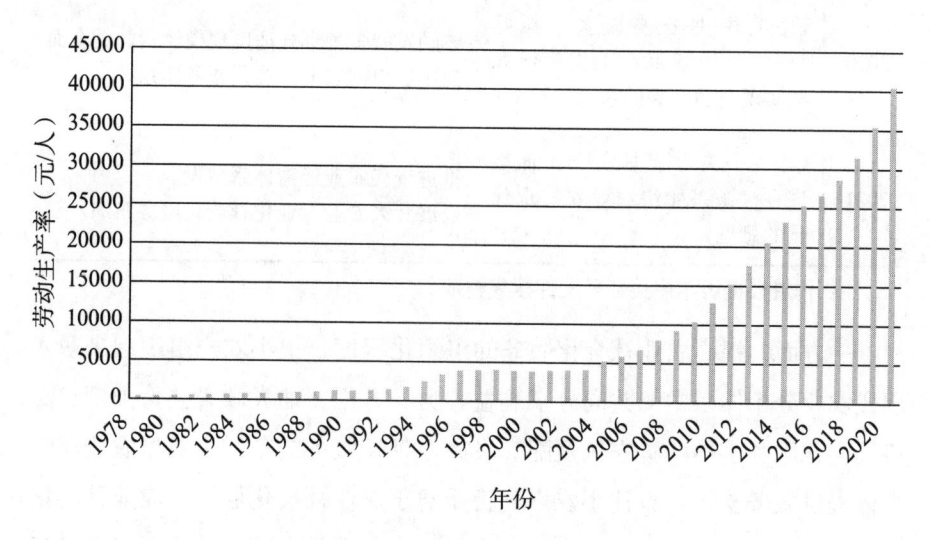

图3-12　1978—2020年中国劳动生产率

数据来源：国家统计局

值得注意的是，在工业化和农业现代化背景下，农村劳动力大量外出务工，村改居等情况普遍发生，乡村产业业态日新月异。中国第一产业就业人员从2004年的34830万人减少到2020年的17715万人，而农业总产值从2004年的18138.36亿元增加到2020年的71748.23亿元，通过计算可得出：农业劳动生产率从2004年的5207.68元/人增加到2020年的40501.40元/人。

第五节 本章小结

本章系统性梳理了在中国粮食生产面临诸多资源禀赋约束的情况下，中国粮食生产的劳动生产率、中国粮食生产现状及国际比较、农业机械化发展现状和农机服务发展水平等相关内容，并得出以下结论。

（1）中国粮食生产面临较为严峻的资源禀赋约束，一是人均耕地面积有限、土地细碎化较为严重；二是在城镇化进程下，农村劳动力向非农产业转移，农业就业人员占就业总数的比重呈现减少趋势。

（2）虽然中国农村劳动力不断减少，但是中国农业机械化程度不断提高（不同作物、地区和作业环节存在一定的差异），中国历年粮食产量持续稳定在1.3万亿斤以上。这很可能是由于农业机械对农业劳动力产生替代作用，以及中国农村出现的农机社会化服务促使了中国粮食的增产，提高了农业劳动生产率。

综上，农机社会化服务与劳动生产率之间存在一定的相关关系，并且可能和劳动力、技术、土地等要素相关联。但是农机社会化服务与劳动生产率之间如何作用，有待进一步讨论。

第四章　农机社会化服务对劳动生产率的因果检验

农业机械化与劳动生产率的关系一直是学术界关注的重点问题，但是目前关于农机社会化服务对劳动生产率因果检验的研究尚未形成一致定论。本章旨在依据农户调查数据层面，讨论农机社会化服务对劳动生产率的因果检验。在构建农机社会化服务对劳动生产率影响的理论模型基础上，首先利用中国 13 个玉米主产省份的农户调查数据，采用 OLS 回归模型和倾向得分匹配法，分析了农机社会化服务对农户劳动生产率的影响效应。然后，实证分析农机社会化服务对劳动生产率的环节异质性，并基于地形与兼业情况异质性探讨农机社会化服务对劳动生产率的影响差异。

第一节　问题的提出

农业现代化的根本实现路径是农业收益率追赶非农产业收益率直至趋于一致，这就要求农业劳动生产率的提高。劳动生产率普遍较低是中国粮食生产所面临的现实困境，影响到农民增收和农业发展，中国农业劳动生产率亟须提高。1978 年之后，发展农业适度规模经营已成为趋势，但是却面临着土地产权的不稳定、土地流转交易成本较高以及通过土地流转实现土地规模化的制度性约束较强等问题（钟真，2019）；现今中国农业现代化道路的战略重心从发展土地流转转向推进农机社会化服务，以服务规模化促进农业现代化。农业部门的劳动生产率明显低于非农业部门的劳动生产率，劳动力倾向于从农业部门向非农业部门流动，此时农机社会化服务的出现打破了这一现实困境,因此厘清农机社会化服务与劳动生产率之间的关系尤为重要。

劳动生产率关乎农民收入,是当前"三农"问题的关键之一。决策者希望采纳农机社会化服务带来劳动生产率的提高,但农机社会化服务能否提高劳动生产率,提高的程度又是多少,还需要进一步探讨。

本研究尝试理顺农机社会化服务影响劳动生产率的机理,通过控制要素投入、村级特征、农户个人特征、家庭特征等变量,对农机社会化服务与劳动生产率的联系予以实证检验,并研究不同环节农机社会化服务对劳动生产率的影响。事实上,因为中国不同的玉米种植户之间存在土地禀赋和兼业状况的差异,农机社会化服务对劳动生产率的影响也存在显著差异。较为典型的案例则是,耕地地势越平坦,越有利于农业机械的应用,相对于平原地区,坡地山地地理条件复杂,会对农业机械作业形成制约,从而导致劳动生产率较低。

第二节 模型、数据与变量

一、模型设定

1. 农机社会化服务对劳动生产率的作用

为分析农机社会化服务对劳动生产率的影响,本研究选定粮食作物中的玉米为研究对象,构建以下的计量基准回归模型,如式(1)所示,模型被解释变量为农户劳动生产率(用 Y 表示)的对数值,核心解释变量为农户是否采纳农机社会化服务(用 $service$ 表示),控制变量(用 Z 表示)包括户主年龄、户主健康状况、户主受教育程度、玉米播种面积、亩均农业机械资产、其他亩均物质资料费用、农业劳动力人数、技术采纳情况、土地质量、土地细碎化程度和省份虚拟变量,具体指标及定义可见变量描述性统计表中,α、β、γ 为待估参数,ε 为随机干扰项。

$$\ln Y_i = \alpha + \beta\, service_i + \gamma \ln Z_i + \varepsilon_i \tag{1}$$

2. 倾向得分匹配法

根据农户是否采用农机社会化服务将农户样本分为采用农机社会化服务组和未采用农机社会化服务组，由于难以保证组别之间有相同的属性分布，如果采用 OLS 回归模型可能导致估计结果偏差。为最大程度消除非随机分配所导致的估计偏误，选取倾向得分匹配法（PSM）进行估计。PSM 在评估农机社会化服务对农户劳动生产率的影响时，将采用农机社会化服务农户组当作处理组，未采用农机社会化服务农户组当作对照组。

由于无法获取采用农机社会化服务农户在不采用时的状态，需要构造一个反事实框架，即在给定一组协变量的情况下，对每一农户进行打分，计算其进入处理组的概率，记为倾向得分，实际上是对一组协变量在处置维度上投影的一个降维，从而在多个维度上将采用农机社会化服务组农户与未采用农机社会化服务组农户进行匹配，使得配对的两个农户协变量分布相同，只是一个分配在采用农机社会化服务组，另外一个分配在未采用农机社会化服务组，这相当于一个随机试验。在这种情况下，是否采用农机社会化服务与结果变量相互独立，即：

$$(Y_{i1}, Y_{i0}) \perp D_i | p(X_i) \tag{2}$$

在对全体样本配对后，计算配对样本组之间在结果变量上的差异，即可得到平均事后处理效应的有效估计值（ATT）：

$$\text{ATT} = E(Y_{i1} | D_i = 1) - E(Y_{i0} | D_i = 1) = E(Y_{i1} - Y_{i0} | D_i = 1) \tag{3}$$

常用的匹配方法包括 K 近邻匹配、卡尺内 K 近邻匹配、半径匹配和核匹配法等。本部分应用四种匹配方法，若获取的估计结果基本一致，则说明样本有效性较好，匹配结果稳健。

二、数据来源

本研究使用数据来自 2019 年中国农业大学国家农业农村发展研究院对玉米种植户开展的农村调查。数据收集采取分层抽样和随机抽样结合的方式，依据产量大、涉及农户多等原则，抽取了全国 13 个玉米主产省份，即山东省、江苏省、河北省、安徽省、河南省、湖南省、湖北省、辽宁省、吉林省、黑龙江省、四川省、甘肃省和内蒙古自治区（见表 4-1）。删除存在逻辑错误、缺乏关键信息、变量缺失等问题的无效问卷后，共回收有效玉米种植户调查问卷 1048 份。

表 4-1 调查地区的分布情况

地区	份数	比重（%）
东北地区（辽宁省、吉林省、黑龙江省）	167	15.94
东部地区（山东省、江苏省、河北省）	414	39.50
中部地区（安徽省、河南省、湖南省、湖北省）	234	22.33
西部地区（四川省、甘肃省、内蒙古自治区）	233	22.23

三、变量设定

劳动生产率作为被解释变量，代表一定时期内单位劳动力所生产的产出值。本研究首先选取劳均玉米产量，即玉米种植户 2018 年每亩玉米产量与每亩玉米生产投工量（日数）的比值，取自然对数处理，度量玉米种植户劳动生产率。同时，也可选取劳均玉米产值，即玉米种植户 2018 年每亩玉米销售收入与每亩玉米生产投工量（日数）的比值，取自然对数处理来代替劳动生产率，以对被解释变量进行稳健性检验。

农机社会化服务与各环节农机社会化服务是本研究的核心解释变量，一是总体来看农户是否采用农机社会化服务，"0"表示未采用任何环节农机社会化服务、"1"表示采用任一环节农机社会化服务。二是为进一步提高对农机社会化服务变量的度量精度，参考胡新艳等（2020）对农机社会化服务指标的构建，利用调查问卷中农户玉米种植的五个环节采纳农机社会化服务面积（亩）、玉米播种面积的数据信息，构建度量如下：

$$service = \frac{\sum_{i=1}^{n} w_i}{m}, n = 5$$

其中，$service$ 为农户农机社会化服务采纳程度，w_i（$i=1,2,3,\cdots,5$）分别表示耕整地、播种、植保、灌溉排水和收获环节的农机社会化服务面积，m 表示玉米播种面积。即把农机社会化服务采纳程度定义为玉米生产各环节采纳农机社会化服务面积占播种面积之比，采用替换指标的方式来进行稳健性检验。

并且，参考王玉斌和李乾（2019）的研究，定义农机社会化服务采纳项数指标，用数值 0、1、2、3、4、5 分别显示农户采纳农机社会化服务的项目数，0 显示农户没有采纳农机社会化服务，5 则显示农户采纳了 5 项农机社会化服务。

此外，分环节来看农户的农机社会化服务利用，这里考虑的环节包括耕整地、播种、植保、排灌和收获，"0"表示未采用相应环节农机社会化服务，"1"表示采用该环节农机社会化服务。

年龄、受教育程度、健康状况不同的户主，在粮食生产中投入的劳动并不相同，他们对农机社会化服务的认知也有所不同，因此农机社会化服务采纳行为存在区别，农机社会化服务影响劳动生产率的效果也不相同。其中，户主年龄是指农户家庭户主的年龄，年龄较大意味着农业生产经验较为丰富，年龄较小则意味着劳动能力较强，所以并不确定户主年龄指标如何影响劳动生产率。样本的户主年龄平均值约为 52 岁，表示调查地从事玉米种植的户主存在老龄化现象。

粮食生产决策行为一般由农户家庭进行决策，易受到农户家庭特征的影响。家庭农业劳动力人数影响到投入粮食生产的农业劳动力数量，进而会影响农机社会化服务对农户劳动生产率的作用。玉米播种面积、亩均农业机械资产反映了粮食生产的土地、资本等要素禀赋特征，影响了农户是否购买农机社会化服务来弥补要素的不足。玉米播种面积，即农户实际投入玉米生产的经营面积，取对数处理后能在一定程度上缓解截面异方差所造成的影响。土地质量、土地细碎化程度也会反映粮食生产的土地禀赋情况，技术采纳情况则反映粮食生产中对农业技术的采纳。

农户劳动生产率的进一步提高需要实现生产现代化的同时，还需要实现玉米生产的机械化。农户自有农业机械和采用农机社会化服务都可能对劳动生产率产生影响，因此本研究引入亩均农业机械资产，以此定义为农户家庭亩均自有农业机械资产现值（对数），从而尽量克服遗漏变量可能带来的内生性问题。

以其他亩均物质资料费用度量单位耕地面积上的要素投入，这些费用主要由种子、化肥、有机肥、农膜、农药、水电及灌溉费和其他费用等构成。由于不同本质的资本产品没有共同的计量单位，采用它们的价值量更方便衡量（陈园园等，2015）。样本户其他亩均物质资料费用的平均值为287.658元/亩。

表4-2为本研究的变量定义及描述性统计。样本农户采纳农机社会化服务（耕种植灌收）、耕整地环节农机社会化服务、播种环节农机社会化服务、植保环节农机社会化服务、排灌环节农机社会化服务、收获环节农机社会化服务的均值分别为0.569、0.324、0.309、0.094、0.135和0.421。样本农户中购买农机社会化服务（耕种植灌收）的比例为56.9%；户主的平均年龄在52岁，户主的受教育程度主要集中在小学和初中；户均农业劳动力数量约为2.277，农户家庭经营规模以小规模农户经营为主体，玉米播种面积主要集中在12.289亩左右，户均拥有农业机械较少，农户的技术采纳水平较高，有89.7%的农户采纳了以秸秆还田、测土配方施肥、免耕直播为代表的农业技术。

第三节 实证结果与分析

一、基准回归结果

基于传统OLS方法进行基准回归，如表4-3所示。基于微观调查数据，农机社会化服务（是否采纳）能够显著提高农户劳动生产率。从模型1可知，整体上看采纳农机社会化服务给农户劳动生产率带来的增加幅度达到19.3%，并且其回归系数在1%的统计水平上显著。由速水佑次郎和弗农·拉坦提出的诱致性技术创新理论，农机社会化服务归属于劳动节约型技术，农机社会化服务的应用使得劳动力投入得到节约，进而提高农户玉米生产的劳动生产率。

表4-2 变量定义及描述性统计

类型	变量	变量定义	最小值	最大值	均值	标准差
因变量	劳均玉米产量	劳均玉米产量（斤/日）=玉米亩产量（斤/亩）/投工量（日/亩）	21.20	381.69	196.21	104.86
	劳均玉米产值	劳均玉米产值（元/日）=玉米亩产值（元/亩）/投工量（日/亩）	19.08	343.52	158.67	92.51
核心解释变量	农机社会化服务	农户是否采纳农机社会化服务：采纳=1，未采纳=0	0	1	0.569	0.495
	农机社会化服务采纳项数	采纳项数为0表示农户没有采纳农机社会化服务，采纳项数为5表示农户采纳5项农机社会化服务	0	5	1.473	1.601
	农机社会化服务采纳程度	农户玉米生产采纳耕整地、播种、植保、灌溉排水、收获农机社会化服务亩数之和占玉米播种面积的比重	0	5	1.151	1.629
	耕整地农机社会化服务	采用耕整地农机社会化服务=1，未采用=0	0	1	0.324	0.468
	播种农机社会化服务	采用播种农机社会化服务=1，未采用=0	0	1	0.309	0.462
	植保农机社会化服务	采用植保农机社会化服务=1，未采用=0	0	1	0.094	0.292
	排灌农机社会化服务	采用排灌农机社会化服务=1，未采用=0	0	1	0.135	0.342
	收获农机社会化服务	采用收获农机社会化服务=1，未采用=0	0	1	0.421	0.494

第四章 农机社会化服务对劳动生产率的因果检验

续表

类型	变量	变量定义	最小值	最大值	均值	标准差
控制变量	户主年龄	实际年龄（岁）	20	79	51.838	10.272
	户主受教育程度	文盲=1，小学=2，初中=3，高中=4，大专=5，大专以上=6	1	6	2.776	0.929
	户主健康状况	好=1，一般=2，差=3，无劳动能力=4	1	4	1.416	0.628
	玉米播种面积	农户玉米播种面积（亩）	0.2	120	12.289	16.825
	亩均农业机械资产	农户家庭亩均农业机械资产现值	0	5000	285.226	649.815
	其他亩均物质资料费用	种子费+化肥费+有机肥费+农药费+农膜费+水电及灌溉费+其他费用	40	980	287.658	136.762
	农业劳动力人数	农户家庭农业劳动力数量	1	6	2.277	0.868
	技术采纳情况	采用任一农业技术=1，未采用=0	0	1	0.897	0.304
	土地质量	土地贫瘠=1，土地质量中等偏下=2，土地质量中等=3，土地质量中等偏上=4，土地非常肥沃=5	1	5	2.962	0.855
	土地细碎化程度	农户经营地块数量（块）	1	60	4.702	4.648
地区变量	东部地区	是否位于东部地区？是=1；否=0	0	1	0.395	0.489
	中部地区	是否位于中部地区？是=1；否=0	0	1	0.223	0.417
	西部地区	是否位于西部地区？是=1；否=0	0	1	0.222	0.415
	东北地区	是否位于东北地区？是=1；否=0	0	1	0.160	0.366

注：数据来源于农村实地调研；农业技术采纳包括作物新品种、秸秆还田、深耕松、测土配方施肥、免耕直播、绿色防控和节水灌溉；为保证模型估计的有效性，对劳均玉米产量、劳均玉米产值、户主年龄、亩均农业机械资产、其他亩均物质资料费用和农业劳动力人数取自然对数处理，以减弱可能出现对数处理的异方差问题。

· 83 ·

表 4-3 农机社会化服务对劳动生产率的回归结果

变量	因变量：劳均玉米产量对数			
	模型1	模型2	模型3	模型4
农机社会化服务（是否采纳）	0.193*** (0.048)			
农机社会化服务采纳程度		0.127*** (0.035)		
农机社会化服务采纳项数			0.089*** (0.033)	
耕整地环节农机社会化服务				0.229*** (0.064)
播种环节农机社会化服务				0.172*** (0.059)
植保环节农机社会化服务				0.110 (0.074)
灌溉排水环节农机社会化服务				0.153** (0.071)
收获环节农机社会化服务				0.189*** (0.069)
户主年龄	0.251 (0.260)	0.240 (0.259)	0.228 (0.260)	0.229 (0.261)
户主受教育程度	0.006 (0.005)	0.006 (0.005)	0.001 (0.001)	0.007 (0.005)
户主健康状况	-0.212** (0.087)	-0.206** (0.087)	-0.208** (0.087)	-0.198** (0.088)
玉米播种面积	0.188*** (0.071)	0.202*** (0.071)	0.185** (0.072)	0.174** (0.073)
亩均农业机械资产	0.080*** (0.014)	0.076*** (0.014)	0.079*** (0.014)	0.080*** (0.014)

续表

变量	因变量：劳均玉米产量对数			
	模型1	模型2	模型3	模型4
其他亩均物质资料费用	0.436*** (0.122)	0.402*** (0.123)	0.448*** (0.123)	0.482*** (0.124)
农业劳动力人数	-0.548*** (0.211)	-0.583*** (0.213)	-0.569*** (0.213)	-0.580*** (0.210)
技术采纳情况	0.158 (0.122)	0.197 (0.152)	0.176 (0.143)	0.205 (0.159)
土地质量	0.240*** (0.069)	0.244*** (0.070)	0.239*** (0.069)	0.242*** (0.071)
土地细碎化程度	-0.006 (0.013)	-0.006 (0.013)	-0.005 (0.013)	-0.005 (0.014)
地区虚拟变量	已控制	已控制	已控制	已控制
常数项	8.466*** (1.209)	8.245*** (1.220)	8.418*** (1.206)	8.598*** (1.214)
F统计量	12.18	11.96	11.90	10.16
R^2	0.136	0.140	0.134	0.141
样本量	1048	1048	1048	1048

注：*、**、***分别表示变量系数估计值在10%、5%、1%的统计水平上显著；括号内的数值为标准误。下同。

模型2汇报了农机社会化服务采纳程度对农户劳动生产率影响的结果。实证结果表明，农机社会化服务采纳程度对农户劳动生产率表现出显著的正向影响，说明农户的农机社会化服务采纳程度越高，农户劳动生产率可能越高。模型3汇报了农机社会化服务采纳项数对农户劳动生产率影响的结果。农机社会化服务采纳项数对农户劳动生产率提高的影响在1%的置信水平上显著为正，不断健全的农机社会化服务有力地支持了劳动生产率的提高。综上，无论以何种方式定义农机社会化服务，都可得出农机社会化服务与农户劳动生产率呈统计上显著的正相关关系。

由模型4的估计结果可知，耕整地、播种、灌溉排水和收获环节农机社会化服务均对农户劳动生产率有正向影响效应，表明农户采用耕整地、播种、灌溉排水和收获环节农机社会化服务有利于农户劳动生产率的提高。耕整地、播种和收获三个环节作为农业机械化最为基础的组成部分，机械化程度和标准化程度也较高，不易发生道德风险，劳动监督成本较低，可以有效替代劳动力，提高农户劳动生产率。灌溉排水能够做到集体决策的有效性、科学性，在不浪费水资源的情况下充分保障玉米生长不同环节的水资源需求，农户采纳该环节农机社会化服务能够有效提升劳动生产率。植保环节农机社会化服务对农户劳动生产率没有表现出显著的促进作用，这可能由于中国的植保机械起步较晚，机械化水平较低，并且植保机械技术推广不足，仅在部分地区推行，部分农户表示未接触过植保机械。

在其他控制变量中，玉米播种面积、亩均农业机械资产、其他亩均物质资料费用和土地质量4个变量在模型1、2、3、4中均通过显著性检验，且估计系数为正值，表明玉米种植规模越大、农户拥有亩均农业机械资产越多、其他亩均物质资料费用越高、土地质量越肥沃，越有利于玉米种植户的劳动生产率提高。因为玉米种植规模越大，其专业化程度就相对越高；亩均农业机械资产越多，农户的资本禀赋越充裕；其他亩均物质资料费用越高，代表农户投入就越多；土地质量越肥沃，则农户的土地禀赋越充裕；四者均有利于玉米种植户的劳动生产率的提高。农业劳动力人数变量在模型1、2、3、4中均通过显著性检验，且估计系数为负值，对玉米生产表现出负向的促进作用，这与农业生产的总体情况相一致（张蕊等，2011）。农业劳动力投入存在内卷化现象，这表明玉米（粮食）生产中存在劳动力冗余现状，应将无效的农业劳动力进一步转移出去。

为了验证结果的稳健性、科学性和可靠性，以适当地更换评价指标、变换估计方法等途径，进行稳健性检验已成为实证研究中不可替代的步骤。采用劳均玉米产值作为劳动生产率的代理变量，进行模型估计，以证明农机社会化服务可以显著提升劳动生产率。

第四章 农机社会化服务对劳动生产率的因果检验

表4-4 农机社会化服务对劳动生产率的回归结果（替换因变量指标）

变量	因变量：劳均玉米产值对数			
	模型1	模型2	模型3	模型4
农机社会化服务（是否采纳）	0.176*** (0.052)			
农机社会化服务采纳程度		0.103** (0.044)		
农机社会化服务采纳项数			0.096** (0.039)	
耕整地环节农机社会化服务				0.240*** (0.069)
播种环节农机社会化服务				0.163** (0.076)
植保环节农机社会化服务				0.102 (0.094)
灌溉排水环节农机社会化服务				0.128** (0.051)
收获环节农机社会化服务				0.183*** (0.062)
户主年龄	0.398 (0.324)	0.379 (0.324)	0.465 (0.324)	0.400 (0.313)
户主受教育程度	0.063 (0.071)	0.051 (0.072)	0.059 (0.071)	0.062 (0.072)
户主健康状况	-0.129*** (0.048)	-0.117** (0.054)	-0.123*** (0.046)	-0.118*** (0.042)
玉米播种面积	0.244*** (0.092)	0.257*** (0.094)	0.354*** (0.093)	0.352*** (0.096)
亩均农业机械资产	0.048*** (0.017)	0.046*** (0.017)	0.047*** (0.017)	0.047*** (0.017)

· 87 ·

续表

变量	因变量：劳均玉米产值对数			
	模型1	模型2	模型3	模型4
其他亩均物质资料费用	0.368** (0.168)	0.338** (0.169)	0.389** (0.169)	0.446*** (0.165)
农业劳动力人数	-0.326*** (0.072)	-0.369*** (0.127)	-0.403*** (0.148)	-0.386** (0.179)
技术采纳情况	0.415 (0.259)	0.366 (0.262)	0.388 (0.259)	0.343 (0.259)
土地质量	0.206** (0.087)	0.231*** (0.075)	0.194*** (0.069)	0.196** (0.089)
土地细碎化程度	-0.094*** (0.017)	-0.096*** (0.017)	-0.092*** (0.018)	-0.093*** (0.017)
地区虚拟变量	已控制	已控制	已控制	已控制
常数项	6.892*** (1.583)	6.640*** (1.586)	6.880*** (1.573)	7.303*** (1.580)
F统计量	11.14	11.23	11.26	9.66
R^2	0.159	0.156	0.158	0.165
样本量	1048			

从表4-4中模型1可见，农机社会化服务（是否采纳）对农户劳均玉米产值具有显著促进作用，同前述实证分析的定性结论保持了一致，这说明替换因变量指标后，农机社会化服务仍然对农户劳动生产率具有显著正向效应。为了进一步提高农机社会化服务指标的衡量精度，根据农机社会化服务采纳程度、农机社会化服务采纳项数，重新估计其对农户劳动生产率（劳均玉米产值）的影响。估计结果表明，农机社会化服务采纳程度、农机社会化服务采纳项数对农户劳动生产率具有显著正向效应，这在一定程度上为以微观证据为支持的农机社会化服务促进农户劳动生产率的观点提供了依据。

二、稳健性检验

（一）农户采纳农机社会化服务的影响因素分析

为了匹配采纳农机社会化服务户和未采纳农机社会化服务户，本研究分析了农户采纳农机社会化服务的影响因素，Logit 模型的估计结果见表 4-5。假设农户是理性的经济人，农户对农机社会化服务的采纳行为（即采纳或不采纳服务）会受到成本收益的影响，当农户采纳农机社会化服务时，农户需要支付服务费；此时，他们也可节省劳动时间，降低运营成本，并将时间花费在非农业活动中以赚取收入。如果收益大于农机社会化服务成本，他们会选择农机社会化服务；如果农机社会化服务成本大于收益，则不会选择农机社会化服务。户主受教育程度变量对农户采纳农机社会化服务决策具有显著正向影响，受教育程度较高的农户更可能认识到采纳农机社会化服务的优势。玉米播种面积变量对农户采纳农机社会化服务决策具有显著正向影响，农业机械化的前提要求土地实现成方连片的规模化，以方便机械作业。此外由于玉米种植存在作物生长自然特性（杨志海，2019），生产过程经常需要抢种抢收，这要求农户应有较高的劳动力禀赋。如果其播种面积较大，会增加农户抢种抢收的难度，为了保证玉米产量，农户采纳农机社会化服务的可能性会增加。亩均农业机械资产变量对农户采纳农机社会化服务决策具有显著负向影响，农户若拥有农业机械会倾向于利用自己的农业机械来完成玉米生产，因此自身拥有农机的农户不太可能采纳农机社会化服务。技术采纳情况变量对农户采纳农机社会化服务决策具有显著正向影响，农机社会化服务充当知识资本的传送器，将先进技术引入玉米生产；由此愿意引进新型农业技术的农户更倾向于采纳农机社会化服务。

表4-5 农户农机社会化服务采纳决策Logit方程估计结果

变量	系数估计值	标准误	Z值
户主年龄	0.337	0.434	0.78
户主受教育程度	0.196**	0.095	2.06
户主健康状况	0.171	0.144	1.19
玉米播种面积	0.393***	0.108	3.64
亩均农业机械资产	-0.047***	0.017	-2.76
其他亩均物质资料费用	0.296	0.201	1.47
农业劳动力人数	0.082	0.068	1.21
技术采纳情况	0.563***	0.137	4.11
土地质量	0.008	0.010	0.8
土地细碎化程度	-0.112	0.027	-4.15
地区虚拟变量	已控制	已控制	已控制
常数项	-9.058***	2.122	-4.27
LR统计量	282.40***		
Pseudo R^2	0.226		
样本量	1048		

（二）共同支撑域

本部分基于采纳农机社会化服务方程来计算农户i采纳农机社会化服务的条件概率Pi的拟合值，即农户i的倾向得分。得到倾向得分之后，制作密度函数图来验证匹配后的共同支撑域（见图4-2）。由图4-1和图4-2可知，农机社会化服务采纳样本与未采纳样本的倾向得分存在较大范围的重叠，并且大部分观测值都包含在共同取值范围内，倾向得分匹配损失样本较少，满足共同支撑条件，共同支撑域令人满意。

（三）平衡性检验

由表4-6可见，匹配后，6个分组样本中处理组和对照组各匹配变量的均值偏差和中位数偏差均大幅减小，pseudo-R^2值和LR统计量也显著下降，总偏误大大降低；而按照农机社会化服务环节划分的样本经过匹配处理组和对照组之间差异也足够小，所有样本匹配后 B 值均小于 25%，通过平衡性检验。综上所述，经过倾向得分匹配方法后基本消除了处理组和对照组的可观测变量显性偏差，且该方法估计的结果稳健可靠。

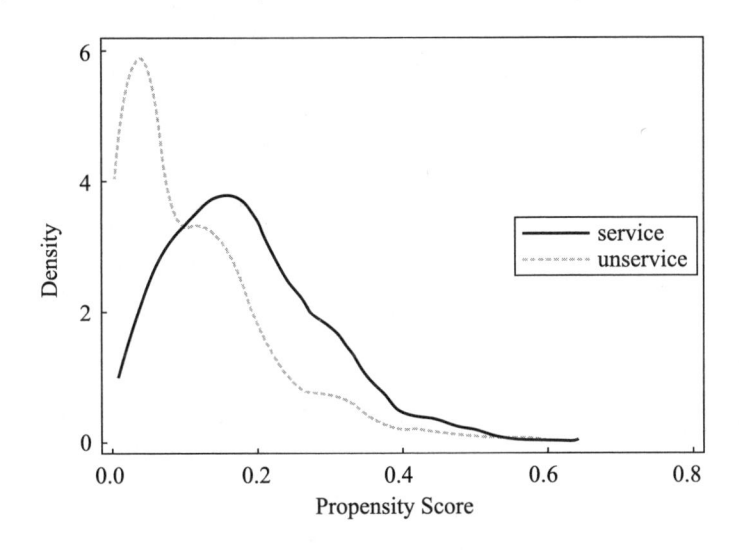

图 4-1 农户倾向得分匹配前的密度函数图

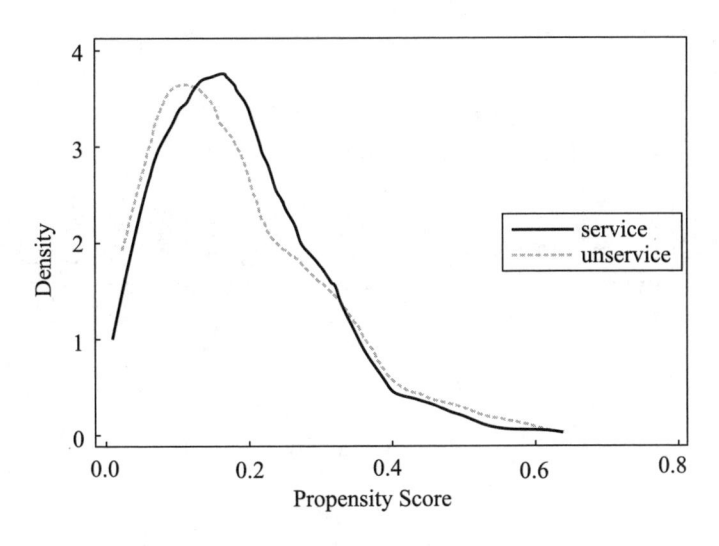

图 4-2 农户倾向得分匹配后的密度函数图

表 4-6 匹配前后控制变量的平衡性检验结果

	状态	pseudo-R^2	LR chi^2	P>chi^2	均值偏差	中位数偏差	B 值
农机社会化服务	匹配前	0.195	280.52	0.000	24.9	19.7	111.8
	匹配后（k 近邻匹配 $k=1$）	0.009	11.25	0.188	6.1	5.0	22.0
	匹配后（k 近邻匹配 $k=3$）	0.008	9.82	0.365	4.7	3.7	20.5
	匹配后（半径匹配）	0.004	4.65	0.589	5.0	4.2	14.1
	匹配后（核匹配）	0.006	8.30	0.217	5.6	6.3	18.9
	匹配后（卡尺内 k 近邻匹配）	0.009	12.11	0.207	6.1	5.7	22.8
耕整地环节农机社会化服务	匹配前	0.099	138.80	0.000	18.6	11.5	79.1
	匹配后（k 近邻匹配 $k=1$）	0.008	7.78	0.455	6.6	5.1	20.5
	匹配后（k 近邻匹配 $k=3$）	0.006	6.31	0.613	5.7	5.1	18.4
	匹配后（半径匹配）	0.003	3.38	0.948	3.6	3.5	13.5
	匹配后（核匹配）	0.003	3.49	0.942	3.7	3.4	13.8
	匹配后（卡尺内 k 近邻匹配）	0.007	6.72	0.667	4.9	3.6	19.1
播种环节农机社会化服务	匹配前	0.146	202.96	0.000	24.3	15.8	98.3
	匹配后（k 近邻匹配 $k=1$）	0.008	8.23	0.412	5.7	5.2	21.4
	匹配后（k 近邻匹配 $k=3$）	0.010	10.20	0.334	5.6	5.1	23.9
	匹配后（半径匹配）	0.007	7.40	0.596	4.7	4.4	20.3
	匹配后（核匹配）	0.007	7.39	0.597	4.5	3.8	20.3
	匹配后（卡尺内 k 近邻匹配）	0.009	9.13	0.426	4.9	3.6	22.6

第四章　农机社会化服务对劳动生产率的因果检验

续表

	状态	pseudo-R²	LR chi²	P>chi²	均值偏差	中位数偏差	B值
植保环节农机社会化服务	匹配前	0.100	76.99	0.000	22.4	15.8	88.6
	匹配后（k近邻匹配 k=1）	0.007	2.41	0.983	5.0	5.6	20.1
	匹配后（k近邻匹配 k=3）	0.010	3.39	0.947	5.9	4.4	23.8
	匹配后（半径匹配）	0.005	1.75	0.995	4.4	4.0	17.1
	匹配后（核匹配）	0.003	0.87	1.000	3.3	3.2	12.1
	匹配后（卡尺内k近邻匹配）	0.005	1.62	0.996	4.0	3.0	16.5
灌溉排水环节农机社会化服务	匹配前	0.113	107.64	0.000	22.0	19.9	91.9
	匹配后（k近邻匹配 k=1）	0.008	3.84	0.872	6.7	6.4	21.2
	匹配后（k近邻匹配 k=3）	0.008	3.89	0.867	6.2	4.8	21.3
	匹配后（半径匹配）	0.003	1.29	0.998	3.2	3.1	12.2
	匹配后（核匹配）	0.002	1.14	0.992	3.7	2.7	11.5
	匹配后（卡尺内k近邻匹配）	0.003	1.53	0.992	4.1	4.0	13.4
收获环节农机社会化服务	匹配前	0.192	283.62	0.000	25.2	18.6	110.0
	匹配后（k近邻匹配 k=1）	0.009	10.82	0.212	7.0	6.9	21.8
	匹配后（k近邻匹配 k=3）	0.007	9.32	0.316	6.1	5.0	20.2
	匹配后（半径匹配）	0.007	8.41	0.493	5.9	4.5	19.2
	匹配后（核匹配）	0.006	7.37	0.391	6.2	4.8	18.0
	匹配后（卡尺内k近邻匹配）	0.009	10.86	0.285	7.2	7.3	21.9

三、农机社会化服务对农户劳动生产率的影响效应分析

表4-7报告了分别利用4种匹配方法测算的农机社会化服务对农户劳动生产率的影响。从测算结果可得出：采用了4种匹配方法计算的定性结果基本一致，即农机社会化服务对农户劳动生产率的影响方向与程度大致相同，该实证结果较为稳健。然后对4种测算方法的平均处理效应取平均值。

表4-7 农机社会化服务影响劳动生产率的总体效果

	平均处理效应	标准误	T值	敏感性检验（$\Gamma=2$）：sig+
匹配前	0.517***	0.070	7.386	—
k近邻匹配（$k=1$）	0.206**	0.095	2.168	***
k近邻匹配（$k=3$）	0.197**	0.094	2.096	***
半径匹配（卡尺=0.06）	0.173**	0.088	1.966	***
核匹配	0.174**	0.079	2.203	***
平均值	0.188	—	—	—

总体上看，对于实际已采纳农机社会化服务的农户而言，倘若他们未采纳农机社会化服务，其劳动生产率将下降18.8%。这说明农机社会化服务正向显著影响农户劳动生产率，影响净效应的平均值为0.188。农户选择性偏差被考虑之后，农机社会化服务能够正向作用于劳动生产率。

四、不同环节农机社会化服务对农户劳动生产率的影响效应差异分析

与其他农作物相同，玉米生产由许多环节构成，表4-7从整体上探讨农机社会化服务对农户劳动生产率的平均影响。然而，耕整地、播种、植保、排灌和收获环节农机社会化服务生产特征和技术条件迥异，对农户农

业劳动力的替代程度不同,作业环节的标准化程度差异较大,劳动监督的难易程度并不相同。此外,从农机社会化服务市场发展水平来分析,不同环节农机社会化服务的发展水平差异较大,这可以由专业化分工水平存在差异来解释。因此,不同环节农机社会化服务对农户劳动生产率的作用效果也不一样,如表4-8所示。

表4-8 不同环节农机社会化服务对劳动生产率的影响效果

		平均处理效应	标准误	T值	敏感性检验($\Gamma=2$):sig+
耕整地环节	匹配前	0.511***	0.066	7.742	—
	k近邻匹配($k=1$)	0.254***	0.089	2.854	***
	k近邻匹配($k=3$)	0.209***	0.076	2.750	***
	半径匹配(卡尺=0.06)	0.196***	0.071	2.761	***
	核匹配	0.189***	0.071	2.662	***
	平均值	0.212	—	—	—
播种环节	匹配前	0.367***	0.068	5.397	—
	k近邻匹配($k=1$)	0.208**	0.092	2.261	***
	k近邻匹配($k=3$)	0.167**	0.083	2.012	***
	半径匹配(卡尺=0.06)	0.163**	0.073	2.233	***
	核匹配	0.157**	0.074	2.122	***
	平均值	0.174	—	—	—
植保环节	匹配前	0.077	0.106	0.726	—
	k近邻匹配($k=1$)	-0.076	0.147	-0.517	***
	k近邻匹配($k=3$)	-0.026	0.121	-0.215	***
	半径匹配(卡尺=0.06)	0.020	0.108	0.185	***
	核匹配	0.013	0.109	0.119	***
	平均值	-0.017	—	—	—

续表

		平均处理效应	标准误	T值	敏感性检验（Γ=2）：sig+
灌溉排水环节	匹配前	0.571***	0.084	6.798	—
	k近邻匹配（k=1）	0.303**	0.120	2.525	***
	k近邻匹配（k=3）	0.239**	0.102	2.343	***
	半径匹配（卡尺=0.06）	0.187**	0.095	1.968	***
	核匹配	0.188**	0.094	2.000	***
	平均值	0.229	—	—	—
收获环节	匹配前	0.535***	0.065	8.231	—
	k近邻匹配（k=1）	0.206**	0.100	2.060	***
	k近邻匹配（k=3）	0.170**	0.086	1.977	***
	半径匹配（卡尺=0.06）	0.178**	0.082	2.171	***
	核匹配	0.177**	0.082	2.159	***
	平均值	0.183	—	—	—

耕整地环节农机社会化服务对农户劳动生产率具有显著的正向影响。在样本匹配前，耕整地环节农机社会化服务的平均处理效应为0.511，并且在1%的统计水平上显著。但是，在样本进行匹配后，其影响效应的平均值下降为0.212。可见，在排除不同类别的组间协变量差异性之后，农户采纳耕整地环节农机社会化服务能够提高劳动生产率。

播种环节农机社会化服务对农户劳动生产率具有显著的正向影响。在样本进行匹配前，播种环节农机社会化服务的平均处理效应为0.367，并且在1%的统计水平上显著。但是，在样本匹配后，其影响效应的平均值下降为0.174。这表明，掺杂了组间协变量的差异性影响，将高估播种环节农机社会化服务的正向促进作用。同时，消除组间协变量的差异后，农户采纳播种环节农机社会化服务将倾向于提高劳动生产率。

虽然近年来，植保机械发展迅猛，推进了农业生产模式的改变。但是，样本农户中采纳植保环节农机社会化服务的比例仅为9.38%，玉米生产的植保环节机械化程度较低；并且植保社会化服务作业的标准化及规范化程度较低，不易监督。然而植保服务中农药浓度和喷洒均匀度都可能影响病虫害防治效果（孙顶强等，2019），进而影响玉米产量。为了避免农机社会化服务主体产生偷工减料的机会主义动机，需要较多的人工进行监督，但监督时间长则意味着消耗大量的劳动力，造成效率损失。因此，植保环节农机社会化服务对农户劳动生产率并不具有显著影响。

灌溉排水环节农机社会化服务对农户劳动生产率存在显著的正向影响。在进行样本匹配前，灌溉排水环节农机社会化服务的平均处理效应为0.571，并且在1%的统计水平上显著。但是，在样本匹配后，其效应的平均值下降为0.229。由此可见，若不排除组间协变量差异的影响作用，将大大高估灌溉排水环节农机社会化服务对农户劳动生产率的促进作用。

收获环节农机社会化服务对农户劳动生产率具有显著的正向影响。在样本进行匹配前，收获环节农机社会化服务的平均处理效应为0.535，并且在1%的统计水平上显著。但是，在样本匹配后，其影响效应的平均值下降为0.183。这表明，掺杂了组间协变量的差异性影响，将高估收获环节农机社会化服务的正向促进作用。同时，消除组间协变量的差异后，农户采纳收获环节农机社会化服务将倾向于提高劳动生产率。

五、农机社会化服务影响农户劳动生产率的组间差异分析

考虑到农机社会化服务对劳动生产率的影响可能因耕整地地形、兼业情况而具有异质性，有研究指出耕整地地形是影响中国区域农机社会化服务采纳水平的重要因素，平原地区和坡地山地地区的农业机械化发展水平出现两个极端（周晶等，2013），区域机械化水平的高低直接影响农户采纳农机社会化服务的难易程度和对劳动的替代程度，依据实际经营耕整地所属地形地势，将农户划分为平地农户和坡地山地农户两部分。由于玉米生产的一些环节需要农业劳动力投入，农户即使采用了全程农机社会化服务，在服务监督上也需要一定的劳动力投入，从而对耕作质量产生影响；参考国际上对农户类型的划分，将所调研农户划分为纯农业户和兼业农

户。非农业收入不超过总收入10%的划分为纯农业户,非农业收入超过总收入10%的划分为兼业农户。对不同地形与兼业情况农户分别进行估计,实证结果如表4-9所示。

表4-9 基于地形与兼业情况异质性下农机社会化服务对劳动生产率的影响

变量	模型1 平地	模型2 坡地山地	模型3 纯农业户	模型4 兼业农户
农机社会化服务 (是否采纳)	0.249*** (0.058)	-0.122 (0.106)	0.243*** (0.075)	0.136*** (0.040)
户主年龄	0.195 (0.290)	0.153 (0.176)	0.283 (0.564)	0.081 (0.196)
户主受教育程度	0.042 (0.062)	0.059 (0.80)	0.076 (0.115)	0.043 (0.061)
户主健康状况	-0.211** (0.103)	0.132 (0.092)	0.118 (0.177)	0.096 (0.104)
玉米播种面积	0.274*** (0.079)	0.169*** (0.044)	0.491*** (0.131)	0.207** (0.096)
亩均农业机械资产	0.075*** (0.015)	0.076*** (0.023)	0.104*** (0.026)	0.073*** (0.016)
其他亩均物质资料费用	0.392*** (0.142)	0.295 (0.224)	0.340*** (0.052)	0.155 (0.158)
农业劳动力人数	0.208 (0.241)	0.120 (0.157)	0.371 (0.450)	0.384 (0.240)
技术采纳情况	0.315 (0.266)	0.249 (0.168)	0.463 (0.313)	0.370 (0.275)
土地质量	0.256*** (0.084)	0.287** (0.124)	0.289* (0.164)	0.159** (0.076)
土地细碎化程度	0.014 (0.017)	-0.018 (0.016)	0.025 (0.028)	0.008 (0.015)

续表

变量	模型1 平地	模型2 坡地山地	模型3 纯农业户	模型4 兼业农户
地区虚拟变量	已控制	已控制	已控制	已控制
常数项	7.882*** (1.433)	5.766*** (2.139)	5.826** (2.556)	6.663*** (1.507)
F统计量	7.74***	23.58***	9.94***	6.36***
样本量	879	169	304	744
R^2	0.134	0.723	0.314	0.147

随着农村劳动力非农转移程度不断加深,农机社会化服务的发展进一步弱化劳动力的体力和时间约束(周宏等,2014),有助于缓解从事粮食生产的劳动力短缺现象。无论是纯农业户还是兼业农户,采纳农机社会化服务都对劳动生产率产生显著的促进作用,其中纯农业户采纳农机社会化服务对劳动生产率的促进作用更为明显。这可能由于农机社会化服务作业标准化程度较低、劳动监督成本较高,存在一定的道德风险,因此不同劳动力禀赋农户采纳农机社会化服务对劳动生产率的提升作用有所不同。

应用农机会受到地形条件的约束,耕整地地势坡度越小,越有利于实施农业机械化。平地农户采纳农机社会化服务对劳动生产率产生显著的促进作用,平原地区地势平坦,利于开展农机社会化服务规模作业,以达到增产增效的目的。而坡地山地农户采纳农机社会化服务对劳动生产率不产生显著作用,说明农机在坡地山地作业成本较高、难度较大,可能在一定程度上抑制了农机对劳动力的替代。

前文虽然选用处理组的平均处理效应(ATT)测度农机社会化服务对农户劳动生产率的影响净效应,但是ATT无法体现样本农户影响效应的结构性差异。为进一步分析农机社会化服务对不同要素禀赋农户劳动生产率影响的差异,继续基于地形情况和兼业情况进行组间差异分析。农机社会化服务对不同要素禀赋农户劳动生产率的影响效果如表4-10所示。

表 4-10　农机社会化服务对不同要素禀赋农户劳动生产率的影响效果

		平均处理效应	标准误	T 值	敏感性检验 ($\Gamma=2$)：sig +
平地农户	匹配前	0.562***	0.066	8.515	—
	k 近邻匹配（k=1）	0.216**	0.099	2.182	***
	k 近邻匹配（k=3）	0.192**	0.089	2.157	***
	半径匹配（卡尺=0.06）	0.239***	0.083	2.880	***
	核匹配	0.230***	0.083	2.771	***
	平均值	0.219	—	—	—
坡地山地农户	匹配前	-0.604***	0.205	-2.946	—
	k 近邻匹配（k=1）	0.175	0.441	0.397	***
	k 近邻匹配（k=3）	0.044	0.399	0.110	***
	半径匹配（卡尺=0.06）	-0.072	0.368	-0.196	***
	核匹配	-0.043	0.380	-0.113	***
	平均值	0.026	—	—	—
纯农业户	匹配前	0.836***	0.121	6.909	—
	k 近邻匹配（k=1）	0.341**	0.156	2.186	***
	k 近邻匹配（k=3）	0.318**	0.156	2.038	***
	半径匹配（卡尺=0.06）	0.329**	0.153	2.150	***
	核匹配	0.328**	0.154	2.130	***
	平均值	0.329	—	—	—
兼业农户	匹配前	0.680***	0.066	10.303	—
	k 近邻匹配（k=1）	0.177***	0.054	3.278	***
	k 近邻匹配（k=3）	0.118**	0.050	2.360	***
	半径匹配（卡尺=0.06）	0.118**	0.047	2.511	***
	核匹配	0.117**	0.048	2.438	***
	平均值	0.133	—	—	—

第四章　农机社会化服务对劳动生产率的因果检验

农机社会化服务一般对地形特征较为敏感，就耕地地形而言，农机社会化服务对农户劳动生产率的影响效果，平地农户显著高于坡地山地农户。从平均值来看，平地农户采纳农机社会化服务的劳动生产率比未采纳农户高 0.219，而 4 种匹配方式在统计水平上没有表现出坡地山地农户采纳农机社会化服务对劳动生产率存在显著影响。这表明，地形因素对农机社会化服务作用于玉米生产的效果具有重要影响，相较坡地山地地区，平原地区农业机械对劳动力的替代作用较大。

就农户兼业情况来分析，纯农业户与兼业农户采纳农机社会化服务都会对劳动生产率产生显著的正向影响效果，且纯农业户的影响程度高于兼业农户。从平均值来看，纯农业户采纳农机社会化服务的劳动生产率比未采纳农户高 0.329，而兼业农户采纳农机社会化服务的劳动生产率比未采纳农户高 0.133。总体上，农机社会化服务能够替代部分劳动力，在一定程度上缓解农村劳动力转移对玉米生产的影响，不过农机社会化服务效果也易受到农户劳动监督的影响，农机作业存在较高的道德风险。

第四节　本章小结

在构建农机社会化服务对农户劳动生产率影响的理论模型基础上，利用中国 13 个玉米主产省份 1048 个玉米种植户的调查数据，应用 OLS 回归模型和倾向得分匹配法，分析了农机社会化服务对农户劳动生产率的影响效应。研究发现以下三个方面。

一是在中国当前农村环境下，农户采纳农机社会化服务总体上看能够提高劳动生产率，无论以何种方式定义农机社会化服务，都可得出农机社会化服务与农户劳动生产率呈统计上显著的正相关关系。并且在反事实框架下，实际采纳农机社会化服务的农户若未采纳服务，其劳动生产率将下降。

二是农户在不同环节采纳农机社会化服务对劳动生产率的影响效应存在差异。农户采纳耕整地、灌溉排水、收获等劳动密集型环节农机社会化服务对劳动生产率存在显著正向影响效应；有研究将播种分类为半技术半劳动密集型环节（宦梅丽，2021），农户采纳播种环节农机社会化服务也对劳动生产率存在显著正向影响效应；而植保等技术密集型环节农机社会化服务的影响效应最小，且未通过显著性检验。

　　三是组群差异结果表明，农户采纳农机社会化服务对劳动生产率的影响效应还存在禀赋差异，耕地地形为平地的纯农业户采纳农机社会化服务对劳动生产率的影响效应更大。

第五章　农机社会化服务对土地生产率的影响

劳动生产率的增长来源之一是土地生产率的提高，本章主要探讨农机社会化服务对土地生产率的影响效应。利用2019年的农户调查数据，采用OLS回归模型、倾向得分匹配法、工具变量法、分位数回归模型等分析农机社会化服务对土地生产率的影响效应、环节异质性以及群组异质性。

第一节　问题的提出

根据统计数据，中国人口约占世界人口的1/5，而耕地面积却不到世界的1/10。粮食安全事关国家安全，粮食安全问题一直是中国农业政策的重中之重。但是，随着中国农民收入的不断提高，工资性收入逐渐成为农民收入的主要组成部分，进一步增加了农民从事农业劳动的机会成本，导致"谁来种地"的现实难题出现。

中国耕地资源约束明显、农业劳动力成本不断提高。确保农业机械化和新型农业技术的推广利用，实现土地生产率的持续提升是中国农业发展的关键问题。农业机械化水平作为度量农业生产力的关键指标（周振和孔祥智，2019），在提高土地生产率和保证国家粮食安全方面也发挥着重要作用。从统计数据来看，中国农业机械总动力从2004年的64027.91万千瓦增加到2019年的102707.68万千瓦，增长幅度达到60.41%，中国粮食产量也从2004年的46947万吨上升到2019年的66384万吨，增长幅度达到41.40%。但中国农户大多数是通过购买较为广泛的农机社会化服务来应用农业机械，而不是租用农机和自购农机（Zhang et al., 2017; Yang et al., 2013），在建立农机社会化服务体系并推进适度规模经营的过程中，以机耕、机播、机收为重点的劳动力替代型服务和植保、灌溉排水为重点的技术替代型服务越来越普及，农机社会化服务为耕地、播种和收获三个环节的综合机械化水平较高的玉米生产带来了新变化。作为一种新型生产要素的农机社会化服务，植根于农业全产业链，有利于高效配置不同生产要素，为粮食生产提供服务。

虽然对于机械和农机社会化服务促进我国粮食土地生产率的研究结论已相对稳健，但是这些研究也存在一些不足：一方面已有研究多偏好于水稻作物，缺少针对玉米作物社会化服务影响土地生产率的全面研究；另一方面缺少社会化服务对不同特征农户土地生产率影响程度的差异性考察——农户禀赋差异直接影响着土地生产率，社会化服务对不同禀赋条件农户的影响效应存在边际程度的差异。有鉴于此，本研究运用OLS回归模型、倾向得分匹配法、工具变量法、分位数回归模型等进行实证分析，针对中国北方重要口粮作物玉米，从影响机理、差异化影响方面为农机社会化服务影响农户土地生产率的研究提供边际贡献。通过本部分研究，希望推进农机社会化服务对土地生产率的影响机理和差异化影响探讨，并使得基层社会化服务组织有针对性地为不同特征农户提供差异化高效农机服务。

第二节 模型和变量设定

一、模型设定

（一）农机社会化服务对土地生产率的作用

提高土地生产率的关键目标是充分保证国家粮食安全。为分析农机社会化服务对土地生产率的影响，本研究选定粮食作物中的玉米为研究对象，粮食增产（土地生产率提高）则体现为单位面积玉米产量的增加，模型设定为 C-D 函数，并依据本研究进行适当调整，构建的模型如式（1）所示。模型被解释变量为单位面积玉米产量（用 Y 表示），核心解释变量为农机社会化服务（用 service 表示），控制变量（用 Z 表示）包括玉米播种面积、农业劳动力占比、技术采纳情况、户主年龄、户主受教育程度、户主健康状况和土地质量等。α、β、γ 为待估参数，ε 为随机干扰项。

$$\ln(Y_i) = \alpha + \beta\, service_i + \gamma \ln Z_i + \varepsilon_i \tag{1}$$

其中，单位面积玉米产量、玉米播种面积、户主年龄、亩均物质资料投入以及亩均农业劳动力取自然对数处理可以缓解异方差和偏态分布问题所造成的影响。农机社会化服务、农业劳动力占比、技术采纳情况为比例形式或 0-1 变量形式，保留原数据形式更利于解释待估参数的经济意义。户主受教育程度、户主健康状况、土地质量为虚拟变量，可以保留原数据形式。

（二）分位数回归

为进一步分析农机社会化服务对不同土地生产率水平农户的差异性影响，采用分位数回归方法。分位数允许条件分布 $y|x$ 不是对称分布，而且追求残差绝对值的加权平均，在消除极端值影响的同时还能提供关于条件分布 $y|x$ 的全面信息。

分位数回归的估计表达式为：

$$\min_{\beta}\left[\sum_{i|y_i \geq x_i\beta}\theta|y_i - x_i\beta| + \sum_{i|y_i \leq x_i\beta}(1-\theta)|y_i - x_i\beta|\right] \tag{2}$$

y_i 代表因变量（玉米生产土地生产率）的第 i 个观测值；x_i 代表自变量的第 i 个观测值；θ 是估计时人为设定的分位数值，本研究设定值为 25、50 和 75；β 是一个系数向量，代表的是模型的偏回归系数。

（三）倾向得分匹配法（PSM）

针对农户是否采用农机社会化服务将农户样本分为采用农机社会化服务组和不采用农机社会化服务组，由于难以保证组别之间有相同的属性分布，如果采用 OLS 回归模型可能导致估计结果出现偏差。为最大程度消除非随机分配所导致的估计偏误，选取倾向得分匹配法进行估计（胡新艳等，2016）。

在这种情况下，以 X_i 为条件，D_i（是否采用农机社会化服务）与 (Y_{i1}, Y_{i0})（结果变量）相互独立，即：

$$(Y_{i1}, Y_{i0}) \perp D_i | p(X_i) \tag{3}$$

在对全体样本配对后，计算配对样本组之间在结果变量上的差异，即可得到平均事后处理效应的有效估计值 ATT：

$$ATT = E(Y_{i1}|D_i=1) - E(Y_{i0}|D_i=1) = E(Y_{i1} - Y_{i0}|D_i=1) \tag{4}$$

由期望迭代定理：

$$\begin{aligned}ATT &= E\{E[Y_{i1} - Y_{i0}|D_i=1, p(X_i)]\} \\ &= E\{E[Y_{i1}|D_i=1, p(X_i)] - E[Y_{i0}|D_i=0, p(X_i)]|D_i=1\}\end{aligned} \tag{5}$$

二、变量设定

在回归变量中将玉米种植户土地生产率作为被解释变量，采用农户玉米单位面积产量（斤/亩）来度量农户土地生产率。一般应用实物量或货币量来衡量其土地生产率，实物量指标即玉米单位面积产量＝农户玉米总产量/农户玉米播种面积；货币量指标为玉米单位面积产值＝（农户玉米总产量×玉米价格）/农户玉米播种面积；由于玉米单位面积产值会受到不同时期玉米价格波动的影响，因此本研究采用玉米单位面积产量来衡量土地生产率。

核心解释变量分为两个部分。一是从总体来看农户是否采用农机社会化服务，"0"表示未采用任何环节农机社会化服务、"1"表示采用任一环节农机社会化服务；并且从采纳程度、采纳项数来更为精准地度量农机社会化服务采纳行为。二是分环节来看农户的农机社会化服务利用，这里考虑的环节包括耕整地、播种、植保、灌溉排水和收获，"0"表示未采用相应环节农机社会化服务、"1"表示采用该环节农机社会化服务。

除了农机社会化服务，还需控制其他可能影响农户土地生产率的因素，从而避免遗漏变量可能带来的内生性问题。本部分基于已有研究考虑亩均农业劳动力、亩均物质资料投入、玉米播种面积、农业劳动力占比、技术采纳情况、户主年龄、户主受教育程度、户主健康状况、土地质量等变量。

最后，本研究在土地生产率模型中还加入一组地区虚拟变量，以控制不同地区在地理位置、水文条件、气候因素以及农业生产习惯等不可观测因素上的差异，消除地区因素对土地生产率的影响。所有相关变量的定义、说明与描述性统计详见表5-1所示。

表5-1 变量定义及描述性统计

类型	变量	变量定义及说明	均值	标准差
因变量	土地生产率	农户玉米单位面积产量（斤/亩）	996.03	360.22
核心解释变量	农机社会化服务	采用耕整地、播种、植保、排灌和收获任一环节农机社会化服务=1，未采用=0	0.569	0.495
	农机社会化服务采纳程度	农户采纳耕整地、播种、植保、灌溉排水、收获农机社会化服务亩数之和占玉米播种面积的比重	1.151	1.629
	农机社会化服务采纳项数	采纳项数为0表示农户没有采纳农机社会化服务，采纳项数为5表示农户采纳5项农机社会化服务。	1.473	1.601
	劳动密集型环节			
	耕整地环节服务	采用耕整地农机社会化服务=1，未采用=0	0.324	0.468
	排灌环节服务	采用灌溉排水农机社会化服务=1，未采用=0	0.135	0.342
	收获环节服务	采用收获农机社会化服务=1，未采用=0	0.421	0.494
	技术密集型环节			
	播种环节服务	采用播种农机社会化服务=1，未采用=0	0.309	0.462
	植保环节服务	采用植保农机社会化服务=1，未采用=0	0.094	0.292

续表

类型	变量	变量定义及说明	均值	标准差
控制变量	亩均农业劳动力	亩均农业劳动力=家庭农业劳动力数量（人）/农户目前家庭经营规模（亩）	0.571	0.496
	亩均物质资料投入（除机械投入外的）	亩均物质资料投入=种子费+化肥费+有机肥费+农膜费+农药费+水电及灌溉费+其他费用	287.658	136.762
	玉米播种面积	农户玉米播种面积（亩）	12.289	16.825
	农业劳动力占比	家庭农业劳动力数量/家庭人口数量	0.631	0.242
	技术采纳情况	采用任一农业技术=1，未采用=0	0.897	0.304
	户主年龄	户主实际年龄（岁）	51.838	10.272
	户主受教育程度	文盲=1，小学=2，初中=3，高中=4，大专=5，大专以上=6	2.776	0.929
	户主健康状况	好=1，一般=2，差=3，无劳动能力=4	1.416	0.628
	土地质量	土地贫瘠=1，土地质量中等偏下=2，土地质量中等=3，土地质量中等偏上=4，土地非常肥沃=5	2.962	0.855
地区虚拟变量	东部地区	是否位于东部地区？是=1；否=0	0.395	0.489
	中部地区	是否位于中部地区？是=1；否=0	0.223	0.417
	西部地区	是否位于西部地区？是=1；否=0	0.222	0.415
	东北地区	是否位于东北地区？是=1；否=0	0.160	0.366

注：农业技术采纳包括作物新品种、秸秆还田、深耕松、测土配方施肥、免耕直播、绿色防控和节水灌溉。

第三节 实证结果与分析

一、总体效应估计

根据调查问卷的统计数据，本研究对玉米生产土地生产率进行回归以及在分位数25%、50%和75%上采取自助法的分位数回归（Quantile Regression，QR）。因为各分位数可以综合反馈不同土地生产率的分布情况，从而将被解释变量选定为土地生产率的不同层次水平分位数。该回归能够说明农机社会化服务在不同土地生产率层次的作用效果及其动态变化，并且拓宽了分析维度。

农机社会化服务是农户进行粮食生产的一个行为，这个行为会影响农户在粮食生产时的各种要素投入决策，通过影响各要素投入来改变农户的土地生产率。表5-2中模型1的估计结果显示，就整体而言，开展农机社会化服务有利于提高土地生产率，印证了李乾和王玉斌（2019）的研究结果。一方面农业技术飞速发展，农机推广滞后，两者之间形成巨大的发展鸿沟，小规模农户难以获得先进农业技术。农机社会化服务以外包形式将新技术包含在服务中，引入粮食生产过程，间接提高了粮食单产水平。另一方面，中国城镇化发展导致的农村劳动力大量转移，从事粮食生产的农业劳动力十分匮乏，农村老龄化、女性化现象严重。购买农机社会化服务可保证每块耕地上的劳动质量一致，弥补因农业劳动力不足所造成的效率损失，极大地提高粮食生产能力。

除农机社会化服务因素以外，户主年龄、户主受教育程度和户主健康状况对土地生产率在5%的统计水平上具有显著影响。土地质量、亩均物质资料投入对土地生产率在1%的统计水平上具有显著影响。亩均物质资料投入是影响玉米种植的关键因素，物质资料投入越多，越能提高玉米生产的土地生产率。土地质量体现农户拥有的土地资源禀赋，土地质量越好，农户玉米生产的土地生产率也越高。其次，户主文化程度对玉米生产的土地生产率具有显著的正向影响，文化程度的提高能够提升农户学习和使用各类技术的能力，从而更容易接受先进的耕地、播种、施肥和植保等技术，促使玉米生产的土地生产率得到提高。而年龄较大、健康状况较好的农户由于其玉米种植经验较丰富、自身身体素质较好，也会提高玉米生产的土地生产率。

由于OLS回归模型只能分析影响因素对玉米生产土地生产率产生的影

响，为了分析农机社会化服务在不同的土地生产率水平上的作用，以下进行分位数回归（见表5-2中模型2）。农机社会化服务在土地生产率各个分位点上都对玉米生产的土地生产率具有显著正向影响。

表5-2 农机社会化服务对玉米生产土地生产率影响的回归结果

变量	模型1 OLS	模型2 分位数回归 0.25	0.50	0.75
农机社会化服务	0.100*** (0.026)	0.104*** (0.021)	0.089*** (0.029)	0.060** (0.025)
玉米播种面积（对数）	0.023 (0.019)	0.027 (0.019)	0.044** (0.017)	0.039** (0.017)
农业劳动力占比	0.001 (0.004)	0.013 (0.017)	0.015 (0.012)	0.013 (0.012)
技术采纳情况	0.013 (0.020)	0.029 (0.028)	0.046 (0.041)	0.009 (0.007)
户主年龄（对数）	0.013** (0.006)	0.019*** (0.007)	0.044 (0.049)	0.007 (0.005)
户主受教育程度	0.028** (0.013)	0.031** (0.015)	0.017* (0.010)	0.014 (0.009)
户主健康状况	-0.040** (0.020)	-0.045** (0.021)	-0.013 (0.015)	-0.016 (0.015)
土地质量	0.061*** (0.014)	0.036** (0.018)	0.036** (0.016)	0.039*** (0.013)
除机械投入外的亩均物质资料投入（对数）	0.089*** (0.026)	0.126*** (0.030)	0.085*** (0.031)	0.103*** (0.025)
亩均农业劳动力（对数）	0.015 (0.049)	0.050 (0.072)	0.056 (0.046)	0.028 (0.025)
地区虚拟变量	已控制	已控制	已控制	已控制

续表

变量	模型1	模型2 分位数回归		
	OLS	0.25	0.50	0.75
常数项	4.700*** (0.286)	4.923*** (0.300)	5.932*** (0.284)	6.166*** (0.293)
样本量 N	1048	1048	1048	1048
R^2	0.164			
Pseudo R^2	—	0.081	0.069	0.099

注：***、**、*分别表示在1%、5%、10%水平上显著；括号内的数值为标准误。下同。

具体而言，农机社会化服务在土地生产率25%分位点上，对玉米种植户土地生产率提升效果更为明显；在土地生产率50%分位点和75%分位点上，农机社会化服务对玉米种植户生产土地生产率的提升效果不甚明显。这说明，采用农机社会化服务对低水平土地生产率农户的玉米生产土地生产率提升更为有利，因此，虽然农机社会化服务的推广普及有利于提升各分位点效率水平的农户达到最优生产，但更利于低水平土地生产率玉米种植户的土地生产率提升。这可能利于原本土地生产率较低的玉米种植农户达到原本土地生产率较高的玉米种植户的水平，从而可能降低玉米生产土地生产率的不平等程度。

此外，土地质量、亩均物质资料投入在各个分位点上都显示出对玉米生产土地生产率的正向影响效应。玉米播种面积在50%分位点和75%分位点上显示出对玉米生产土地生产率的正向影响效应，户主年龄在25%分位点上显示出对玉米生产土地生产率的正向影响效应，户主健康状况在25%分位点上显示出对玉米生产土地生产率的负向影响效应，户主受教育程度在25%分位点和50%分位点上显示出对玉米生产土地生产率的正向影响效应。

二、内生性讨论

本部分已经尽可能控制了影响玉米生产土地生产率的相关因素，基准模型中仍可能存在遗漏变量偏误，导致潜在的内生性问题。本部分尝试应用工具变量估计方法来解决遗落变量所导致的问题。现有文献在考察农机社会化服务对玉米土地生产率影响时选定的工具变量主要包括：一是采用是否实施农机购置补贴政策（周振和孔祥智，2019），二是采用村庄农机社会化服务平均采纳水平（胡新艳等，2020）。考虑到数据的可得性和是否实施农机购置补贴政策存在弱工具变量问题，本部分同前一章引入村庄农机社会化服务平均采纳水平，即本村内其他采纳农机社会化服务农户数量占比，作为农机社会化服务的工具变量应用两阶段最小二乘（2SLS）估计方法和广义矩估计方法（GMM），结果如表5-3、5-4所示。

表5-3 农机社会化服务与玉米生产土地生产率的工具变量估计

变量	模型1：是否采纳农机社会化服务（2SLS）		模型2：是否采纳农机社会化服务（GMM）	
	2SLS 一阶段	2SLS 二阶段	GMM 一阶段	GMM 二阶段
农机社会化服务		0.130*** (0.045)		0.134*** (0.044)
村庄农机社会化服务平均采纳水平	0.156*** (0.012)		0.156*** (0.012)	
控制变量	已控制	已控制	已控制	已控制
地区虚拟变量	已控制	已控制	已控制	已控制
常数项	-1.752*** (0.340)	5.221*** (0.374)	-1.760*** (0.342)	5.196*** (0.374)
R^2	0.386	0.259	0.386	0.258
样本量	1048		1048	
工具变量F值	65.78		68.99	
内生性检验P值	0.003		0.003	

表5-4 农机社会化服务对玉米生产土地生产率影响的稳健性检验

变量	模型1：农机社会化服务采纳程度		模型2：农机社会化服务采纳项数	
	2SLS 一阶段	2SLS 二阶段	2SLS 一阶段	2SLS 二阶段
农机社会化服务采纳程度		0.041*** (0.009)		
农机社会化服务采纳项数				0.035*** (0.012)
村庄农机社会化服务平均采纳水平	1.022*** (0.016)		0.658*** (0.031)	
控制变量	已控制	已控制	已控制	已控制
地区虚拟变量	已控制	已控制	已控制	已控制
常数项	-0.485 (0.413)	5.012*** (0.499)	-0.992 (1.003)	3.150*** (0.508)
R^2	0.900	0.217	0.534	0.282
样本量	1048		1048	
工具变量F值	1251.63		59.60	
内生性检验P值	0.000		0.015	

表5-3中模型1和模型2的第一阶段估计结果均表明：村庄农机社会化服务平均采纳水平与农机社会化服务存在显著的正相关关系，而且第一阶段估计的F检验值远大于其临界值，说明不存在明显的弱工具变量问题。第二阶段采用Durbin-Wu-Hausman检验变量是否内生，得出内生性检验P值为0.003，拒绝原假设（变量是外生的），表明农机社会化服务变量存在明显的内生性，应用2SLS估计可以获得一致估计量。实证结果指出：农机社会化服务仍然对玉米生产土地生产率具有显著的正向影响，且通过1%统计水平的显著性检验；其边际效应大于基准回归的，显示出前述OLS回归模型关于农机社会化服务对玉米生产土地生产率的影响效应是保守和有所低估的。表5-3中模型2的第二阶段估计结果也显示：农机社

会化服务在1%的显著性水平上正向影响玉米生产土地生产率。综上，考虑了工具变量的2SLS和GMM估计结果验证了农机社会化服务对玉米生产土地生产率具有显著提高效果的稳健性。

本部分针对农机社会化服务促进玉米生产土地生产率的提高进行稳健性检验，替换是否采纳农机社会化服务变量，更为精准度量农户采纳农机社会化服务行为。首先替换核心解释变量为农机社会化服务采纳程度，即农户采纳耕整地、播种、植保、灌溉排水、收获农机社会化服务亩数之和占玉米播种面积的比重。应用工具变量方法进行模型估计，第一阶段实证结果显示工具变量在1%的统计水平上显著，即村庄农机社会化服务平均采纳水平与农机社会化服务采纳程度存在显著的正相关关系，该工具变量的有效性得到证实。村庄农机社会化服务平均采纳水平通过影响农户农机社会化服务采纳程度来对土地生产率产生影响，表明工具变量具备外生性。在表5-4的模型1中，农机社会化服务采纳程度变量在1%的统计水平上通过显著性检验，估计系数为0.041，再次验证了农机社会化服务对玉米的增产效应。

然后替换核心解释变量为农机社会化服务采纳项数，采纳项数为0表示农户没有采纳农机社会化服务，采纳项数为5表示农户采纳5项农机社会化服务。应用工具变量方法进行模型估计，证实工具变量的选定具备有效性、合理性。在表5-4的模型2中，工具变量的第二阶段估计结果显示：排除变量的内生性影响后，农机社会化服务采纳项数变量在1%的统计水平上通过显著性检验，估计系数为0.035，说明农机社会化服务对玉米生产土地生产率具有提升作用。基于此，证明本部分研究的估计模型稳健性较好。

三、环节异质性分析

表5-2、5-3、5-4的估计结果从整体上探讨农机社会化服务对玉米生产土地生产率的平均影响。然而，耕整地、播种、植保、排灌和收获环节农机社会化服务生产特征和技术条件迥异，对农户农业劳动力的替代程

第五章 农机社会化服务对土地生产率的影响

度不同，作业环节的标准化程度差异较大，劳动监督的难易程度并不相同。因此，不同环节农机社会化服务对玉米生产土地生产率的影响也不一样。表5-5的估计结果显示了不同环节农机社会化服务对玉米生产土地生产率的影响。

表5-5 分环节农机社会化服务对玉米生产土地生产率影响的回归结果

变量	模型1 OLS	模型2 分位数回归 0.25	模型2 分位数回归 0.50	模型2 分位数回归 0.75
耕整地环节农机社会化服务	0.114*** (0.035)	0.149*** (0.057)	0.087*** (0.028)	0.060** (0.026)
播种环节农机社会化服务	0.098*** (0.030)	0.123*** (0.039)	0.116*** (0.035)	0.102*** (0.032)
植保环节农机社会化服务	0.067** (0.028)	0.057*** (0.019)	0.083** (0.041)	0.069** (0.033)
排灌环节农机社会化服务	0.036 (0.029)	0.056 (0.049)	0.016 (0.012)	0.039 (0.031)
收获环节农机社会化服务	0.064 (0.056)	0.037 (0.032)	0.071 (0.062)	0.074 (0.046)
玉米播种面积（对数）	0.019** (0.009)	0.024** (0.012)	0.037** (0.019)	0.045** (0.018)
农业劳动力占比	0.033 (0.052)	0.045 (0.063)	0.069 (0.051)	0.018 (0.035)
技术采纳情况	0.013*** (0.004)	0.017*** (0.005)	0.023 (0.017)	0.012 (0.034)
户主年龄（对数）	0.035** (0.015)	0.016** (0.008)	0.050 (0.041)	-0.001 (0.004)
户主受教育程度	0.033** (0.013)	0.034** (0.016)	0.031*** (0.011)	0.017* (0.009)

续表

变量	模型1 OLS	模型2 分位数回归 0.25	0.50	0.75
户主健康状况	-0.044** (0.020)	-0.048** (0.020)	0.015 (0.011)	0.010 (0.014)
土地质量	0.053*** (0.015)	0.067*** (0.023)	0.021 (0.015)	0.030*** (0.011)
除机械投入外的亩均物质资料投入（对数）	0.172*** (0.025)	0.120*** (0.031)	0.130*** (0.032)	0.113*** (0.030)
亩均农业劳动力（对数）	0.057*** (0.018)	0.073** (0.032)	0.034 (0.029)	0.029 (0.022)
地区虚拟变量	已控制	已控制	已控制	已控制
常数项	4.746*** (0.304)	4.429*** (0.371)	5.704*** (0.284)	6.136*** (0.279)
样本量 N	1048	1048	1048	1048
R^2	0.184			
Pseudo R^2	—	0.096	0.090	0.118

由表5-5模型1的估计结果可知，耕整地、播种和植保环节农机社会化服务均对玉米生产土地生产率存在正向影响效应，表明农户采用耕整地、播种和植保环节农机社会化服务有利于玉米生产土地生产率的提高。其中，耕整地和播种两个环节机械化程度和标准化程度较高，不易发生道德风险，劳动监督成本较低，可以有效替代劳动力，提高玉米生产土地生产率。近年来，植保机械发展迅猛，植保社会化服务组织对要素（农药、化肥等）的投入量、投入配比和投入时间精准把控，以提高植保作业的专业化水平，引领农业生产模式的改变。现今广大农户对植保环节农机社会化服务的接受尚需要一定时间，植保服务效果短期可度量性较差，植保环节农机社会化服务对玉米生产土地生产率的影响强度均低于耕整地和播种环节。植保、耕整地和播种环节农机社会化服务构成玉米生产的产中环

节,对其土地生产率产生正向影响。

由表5-5模型2的估计结果可知,随着玉米生产土地生产率分位点的提高,耕整地环节农机社会化服务对其玉米生产土地生产率的影响呈现下降的趋势。这说明,与土地生产率较高的种植户相比,耕地环节农机社会化服务对玉米生产土地生产率较低的种植户的土地生产率提升效果更大,意味着耕地环节农机社会化服务更能发挥"雪中送炭"的作用,而这可能利于玉米种植户的土地生产率收敛。

播种环节农机社会化服务在各个分位点上均对玉米生产土地生产率有正向显著影响。随着分位点的增加,播种环节农机社会化服务对玉米生产土地生产率的回归系数呈现减小趋势。表明播种环节农机社会化服务对玉米生产土地生产率较低种植户的影响相对更大,而对玉米生产土地生产率较高种植户的影响相对较小。

植保环节农机社会化服务在各个分位点上均对玉米生产土地生产率有正向显著影响。随着分位点的增加,植保环节农机社会化服务对玉米生产土地生产率的回归系数呈现先增后减的趋势(即中间大于两端)。表明采用植保环节农机社会化服务对低土地生产率和高土地生产率农户玉米生产土地生产率影响相对较小,而最大受益者为中等土地生产率玉米种植户。

排灌与收获环节农机社会化服务在各个分位点上均显示出对玉米生产土地生产率的影响并不显著。可能由于排灌环节农机社会化服务还需配备相对应的基础设施,才能有效保障玉米生长过程的水资源需求。在中国,收获环节是机械化程度最高的环节,但是收获属于粮食生产的末端环节,因此对其土地生产率的影响不明显。

四、稳健性分析

本章研究农机社会化服务对土地生产率的影响,需重点关注两个问题:一是农户采纳农机社会化服务本身是一种自选择行为,该行为会受到农户自身以及家庭等因素的影响而不是随机发生的事件(孙小燕和刘雍,

2019），样本自选择问题可能导致模型存在内生性问题。二是纵然可以观测到农户采纳农机社会化服务后其土地生产率的情况，但是并不能观测到如果该农户未采纳农机社会化服务其土地生产率的情况，也难以了解未采纳农机社会化服务的农户若采纳农机社会化服务其土地生产率的情况，这属于数据缺失所造成的问题，易导致结果产生偏误。现有研究大多采用OLS回归模型、广义矩估计方法来分析农机社会化服务对土地生产率的作用效果，但是这些估计方法在函数形式设定和误差项方面都存在一定的限制条件，并且难以构建反事实分析并解决样本自选择问题。因此，本章采用倾向得分匹配法（PSM）进行农机社会化服务影响土地生产率的稳健性分析。

依据可观测变量区别出采纳农机社会化服务农户（实验组）和具有相似特征的未采纳农机社会化服务农户（对照组），构建采纳农机社会化服务农户的决策模型，来估计农户采纳农机社会化服务的可能性，获得倾向得分。

通过Logit模型估计倾向得分：

$$PS_i = Prob(Service_i = 1 | D_i) = E(Service_i = 0 | D_i) \quad (1)$$

在（1）式中，i代表不同农户，$Service_i = 1$代表采纳农机社会化服务农户，$Service_i = 0$代表未采纳农机社会化服务农户，D_i代表各控制变量。

得到倾向得分之后，根据匹配估计变量对采纳农机社会化服务农户和未采纳农机社会化服务农户进行匹配，匹配估计变量的选定尽量保证匹配后采纳服务户和未采纳服务户的倾向得分具有较大的共同支撑域。应用不同匹配方法对匹配结果存在一定的差异（Caliendo and Kopeining, 2008），本部分应用卡尺内最近邻匹配对采纳农机社会化服务农户和未采纳农机社会化服务农户估计其倾向得分并进行匹配，同时应用半径匹配、核匹配和最近邻匹配估计农机社会化服务对土地生产率的影响效应，以保证结果的稳健性。

因为本部分主要研究农机社会化服务对土地生产率的影响效应，重点关注采纳农机社会化服务农户的土地生产率变化，因此可依据实验组平均处理效应（ATT）来分析，即采纳农机社会化服务农户土地生产率的变化平均值：

$$ATT = E(y_{1i}|Service_i=1) - E(y_{0i}|Service_i=1) = E(y_{1i}-y_{0i}|Service_i=1)$$
(2)

在（2）式中，y_{1i}是采纳农机社会化服务农户土地生产率情况，y_{0i}是样本匹配后假设实验组未采纳农机社会化服务农户土地生产率情况。$E(y_{1i}|Service_i=1)$能够直接观测到，$E(y_{0i}|Service_i=1)$不能够直接观测到，需要采用倾向得分匹配法构建反事实估计获取。

首先，为了有效匹配样本，本部分估计了农户采纳农机社会化服务的影响因素，如表5-6所示。并且该模型自变量间的相关性检验（Pearson）结果说明各变量之间不存在多重共线性。农户采纳农机社会化服务的可能性与玉米播种面积、技术采纳情况、户主年龄和户主受教育程度显著相关。玉米播种面积越大、年龄越大，受教育程度越高的农户越倾向于采纳农机社会化服务。其中，技术采纳收窄了玉米生产中的核心技术范围，提高了玉米生产环节的可分离程度，有助于促进农户把生产环节外包给社会化服务提供者，实现玉米生产的产业内分工。

表5-6 农户农机社会化服务采纳决策 Logit 方程估计结果

变量	系数估计值	标准误	Z 值
玉米播种面积（对数）	0.185***	0.051	3.63
农业劳动力占比	0.167	0.354	0.47
技术采纳情况	0.334***	0.106	3.15
户主年龄（对数）	0.073**	0.029	2.52
户主受教育程度	0.117**	0.058	2.02
户主健康状况	0.078	0.113	0.69
土地质量	0.043	0.082	0.52
除机械投入外的亩均物质资料投入（对数）	0.087	0.134	0.65

续表

变量	系数估计值	标准误	Z 值
亩均农业劳动力（对数）	-0.121	0.116	-1.04
地区虚拟变量	已控制	已控制	已控制
常数项	4.801***	1.692	2.84
LR 统计量	318.25***		
Pseudo R^2	0.189		
样本量	1048		

其次，依据倾向得分的共同取值范围进行匹配，并进行共同支撑域和平衡性检验。

（1）共同支撑域

本部分基于采纳农机社会化服务方程估计结果计算倾向得分，并制作了匹配前后的密度函数图，如图5-1、5-2所示。基于4种匹配方法的最大样本损失为2个（见表5-7），仍能保留1046个有效匹配样本，满足共同支撑条件。

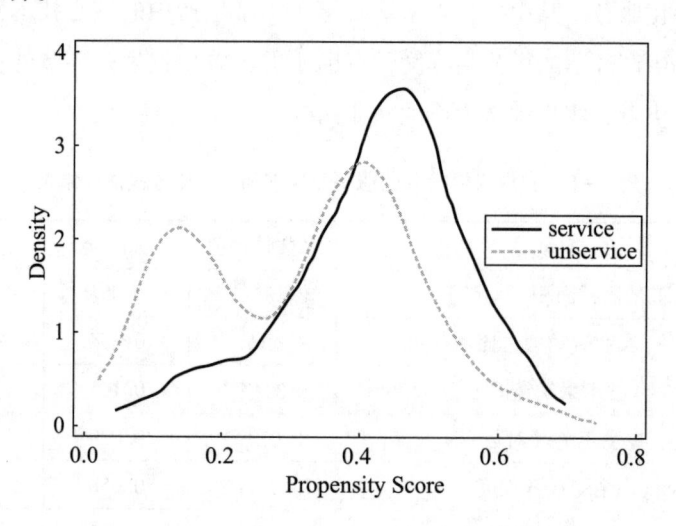

图5-1 农户倾向得分匹配前的密度函数图

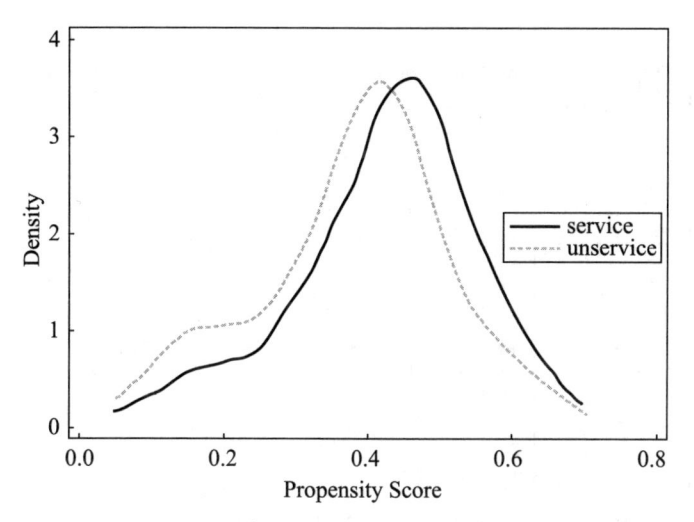

图 5-2　农户倾向得分匹配后的密度函数图

表 5-7　PSM 匹配结果　　　　　　　单位：个

样本	未匹配样本	匹配样本	总计
对照组	2	456	458
处理组	0	590	590
总计	2	1046	1048

(2) 平衡性检验

由表 5-8 可见，匹配后，6 个分组样本中处理组和对照组各匹配变量的均值偏差和中位数偏差均大幅减小，$pseudo-R^2$ 值和 LR 统计量也显著下降，总偏误大大降低；而按照农机社会化服务环节划分的样本经过匹配，处理组和对照组之间差异也足够小，所有样本匹配后 B 值均小于 25%，则通过平衡性检验，运用倾向得分匹配模型进行估计是可靠合理的。

(3) 农机社会化服务对土地生产率的影响效应分析

表 5-9 报告了分别利用 4 种匹配方法测算农机社会化服务影响土地生产率的 ATT 值。从测算结果可得出：从定性角度分析，4 种匹配方法测算的结果是一致的，且 ATT 值均在 5% 的统计水平上通过了显著性检验。即农机社会化服务对农户土地生产率的影响方向与程度大致相同，表明测算结果较为稳健。

表 5-8 匹配前后控制变量的平衡性检验结果

	状态	$pseudo-R^2$	$LR\ chi^2$	$P>chi^2$	均值偏差	中位数偏差	B 值
农机社会化服务	匹配前	0.190	319.56	0.000	21.9	13.1	111.3
	匹配后（k 近邻匹配 $k=1$）	0.008	13.58	0.328	4.7	3.4	21.1
	匹配后（k 近邻匹配 $k=3$）	0.008	13.73	0.393	4.3	4.4	21.2
	匹配后（半径匹配）	0.004	6.75	0.915	2.9	2.5	14.9
	匹配后（核匹配）	0.004	6.79	0.913	2.7	2.0	15.0
耕整地环节农机社会化服务	匹配前	0.102	133.71	0.000	17.3	14.1	80.4
	匹配后（k 近邻匹配 $k=1$）	0.009	9.00	0.773	4.9	4.1	22.9
	匹配后（k 近邻匹配 $k=3$）	0.010	9.26	0.753	5.1	4.5	23.2
	匹配后（半径匹配）	0.003	3.28	0.997	3.6	3.3	13.8
	匹配后（核匹配）	0.003	3.03	0.998	3.2	3.0	13.3
播种环节农机社会化服务	匹配前	0.087	121.29	0.000	18.9	11.6	73.2
	匹配后（k 近邻匹配 $k=1$）	0.005	5.00	0.958	3.9	3.5	16.2
	匹配后（k 近邻匹配 $k=3$）	0.006	5.95	0.919	3.6	1.6	17.7
	匹配后（半径匹配）	0.008	8.70	0.795	5.4	4.7	21.4
	匹配后（核匹配）	0.006	6.16	0.940	4.7	3.7	18.0

续表

	状态	$pseudo-R^2$	$LR\ chi^2$	$P>chi^2$	均值偏差	中位数偏差	B 值
植保环节农机社会化服务	匹配前	0.102	66.50	0.000	19.3	15.4	88.1
	匹配后（k 近邻匹配 k=1）	0.009	2.73	0.997	4.0	2.5	22.7
	匹配后（k 近邻匹配 k=3）	0.012	3.38	0.992	4.5	3.6	24.5
	匹配后（半径匹配）	0.001	0.41	1.000	2.6	3.5	8.8
	匹配后（核匹配）	0.002	0.56	1.000	2.9	3.9	10.3
灌溉排水环节农机社会化服务	匹配前	0.141	135.76	0.000	18.5	10.0	105.6
	匹配后（k 近邻匹配 k=1）	0.037	16.99	0.200	9.3	7.7	46.1
	匹配后（k 近邻匹配 k=3）	0.006	2.66	0.999	3.7	2.7	18.0
	匹配后（半径匹配）	0.002	0.71	1.000	2.1	1.5	9.3
	匹配后（核匹配）	0.002	0.94	1.000	2.1	1.2	10.7
收获环节农机社会化服务	匹配前	0.216	335.42	0.000	25.5	20.8	120.9
	匹配后（k 近邻匹配 k=1）	0.011	14.20	0.360	4.4	2.4	24.3
	匹配后（k 近邻匹配 k=3）	0.009	12.48	0.488	3.8	2.5	22.8
	匹配后（半径匹配）	0.007	9.53	0.732	3.8	3.0	19.9
	匹配后（核匹配）	0.006	8.67	0.797	3.4	2.9	19.0

然后，对4种测算方法估计出的平均处理效应取平均值，如表5-9的最后一行所示。总体上，农机社会化服务正向显著影响农户土地生产率，影响净效应的平均值为0.085。这表明充分考量农户选择性偏差之后，采纳农机社会化服务会促使农户土地生产率显著提高8.5%。

表5-9 农机社会化服务影响土地生产率的总体效果

	平均处理效应	标准误	T值	敏感性检验（$\Gamma=2$）：sig +
匹配前	0.086***	0.027	3.185	—
k近邻匹配（$k=1$）	0.085**	0.041	2.073	***
k近邻匹配（$k=3$）	0.079**	0.038	2.079	***
半径匹配（卡尺=0.06）	0.087***	0.034	2.559	***
核匹配	0.090***	0.034	2.647	***
平均值	0.085	—	—	—

（4）不同环节农机社会化服务对土地生产率的影响效应差异分析

与其他农作物相同，玉米生产由许多环节构成，本部分在进行变量定义时将"农机社会化服务"定义为"农户玉米生产的任一环节采纳了农机社会化服务"。从农机社会化服务市场发展水平来分析，不同环节（耕整地、播种、植保、排灌和收获环节）农机社会化服务的发展水平差异较大，这可以由专业化分工水平存在差异来解释。为检验不同环节农机社会化服务对土地生产率的作用效果是否存在差异，本部分进一步分别针对某一环节对土地生产率的影响进行分析（见表5-10）。

经过倾向得分匹配的反事实估计后，利用各匹配方法所得结果较为一致，农户采纳耕整地、播种、植保环节农机社会化服务对土地生产率具有提高作用。在排除其他因素影响后，采纳耕整地、播种、植保环节农机社会化服务平均会促使其土地生产率显著提高12.0%、9.4%和8.5%。农户采纳灌溉排水、收获环节农机社会化服务对土地生产率则不具有显著影响。

表 5–10　不同环节农机社会化服务对土地生产率的影响效果

		平均处理效应	标准误	T 值	敏感性检验 ($\Gamma=2$)：sig +
耕整地环节	匹配前	0.169***	0.026	6.500	—
	k 近邻匹配（$k=1$）	0.139***	0.031	4.484	***
	k 近邻匹配（$k=3$）	0.114***	0.030	3.800	***
	半径匹配（卡尺=0.06）	0.114***	0.027	4.222	***
	核匹配	0.114***	0.027	4.222	***
	平均值	0.120	—	—	—
播种环节	匹配前	0.118***	0.029	4.069	—
	k 近邻匹配（$k=1$）	0.111***	0.035	3.171	***
	k 近邻匹配（$k=3$）	0.088**	0.035	2.514	***
	半径匹配（卡尺=0.06）	0.089**	0.039	2.282	***
	核匹配	0.088**	0.037	2.378	***
	平均值	0.094	—	—	—
植保环节	匹配前	0.116***	0.031	3.742	—
	k 近邻匹配（$k=1$）	0.091**	0.036	2.528	***
	k 近邻匹配（$k=3$）	0.086**	0.037	2.324	***
	半径匹配（卡尺=0.06）	0.080**	0.034	2.353	***
	核匹配	0.081**	0.035	2.314	***
	平均值	0.085	—	—	—
灌溉排水环节	匹配前	0.058*	0.030	1.933	—
	k 近邻匹配（$k=1$）	0.027	0.046	0.587	***
	k 近邻匹配（$k=3$）	0.025	0.043	0.581	***
	半径匹配（卡尺=0.06）	0.019	0.037	0.514	***
	核匹配	0.025	0.037	0.676	***
	平均值	0.024	—	—	—

续表

		平均处理效应	标准误	T 值	敏感性检验（Γ=2）：sig+
收获环节	匹配前	0.076***	0.023	3.304	—
	k 近邻匹配（k=1）	0.039	0.030	1.300	***
	k 近邻匹配（k=3）	0.025	0.029	0.862	***
	半径匹配（卡尺=0.06）	0.038	0.029	1.310	***
	核匹配	0.029	0.030	0.967	***
	平均值	0.033			—

耕整地和播种环节农机社会化服务标准化程度较高，充分发挥农机装备的分工专业化生产能力和作业能力，能够有效提升玉米产量。耕地环节农机社会化服务对土地生产率的提升效果很大，农户采纳耕整地环节农机社会化服务之后其土地生产率比不采纳耕整地环节农机社会化服务提高了11.4%~13.9%。播种环节农机社会化服务正向显著影响农户土地生产率，影响的净效应是0.094；排除其他影响因素后，采纳播种环节农机社会化服务会促使农户土地生产率显著提高9.4%。

在玉米种植过程中，植保环节农户平均需要喷施5~8次农药（孙顶强等，2016），农户对植保环节的施药时间和要求难以科学控制，为防治病虫害会倾向于加大农药施用量，从而造成玉米产量的无谓损失。从植保环节来分析，处理组的平均处理效应（ATT）为0.085；在农户选择性偏差被考量之后，采纳植保环节农机社会化服务会促使农户土地生产率显著提高8.5%。由此，上述结果说明，不论应用任何匹配方法，耕整地环节农机社会化服务对农户土地生产率的提升作用均大于播种、植保环节农机社会化服务。

五、组群差异分析

实际上，纵然处于同一地域，不同类型农户采纳农机社会化服务的情况也存在一定差异。值得注意的是，上述估计结果仅反映了农机社会化服务对土地生产率的净影响,它所度量的是一种综合了正面影响与负面影响后的平均效应。虽然当前农机社会化服务在平均水平上促进了土地生产率的提高,但仍然不能否定存在农机社会化服务降低土地生产率的可能性,特别是在农户要素禀赋存在显著差异的情况下,仍然存在通过加强管理农机社会化服务、改善农机作业环境、土地平整及高标准农田建设、发展农业适度规模经营,从而提升土地生产率的空间。

考虑到农机社会化服务对土地生产率的影响可能因耕地地形、兼业情况而具有异质性,聚焦不同要素禀赋农户的组群差异,可以使农机社会化服务对土地生产率影响效应的研究内容更为丰富。本部分依据农户实际经营耕地所属地形地势将其划分为平地农户和坡地山地农户。参考国际上对农户类型的划分,非农业收入不超过总收入10%的划分为纯农业户,非农业收入超过总收入10%的划分为兼业农户,进一步分析农机社会化服务对不同要素禀赋农户土地生产率影响的差异,实证结果如表5-11所示。

表5-11 农机社会化服务对不同要素禀赋农户土地生产率的影响效果

		平均处理效应	标准误	T 值	敏感性检验 ($\Gamma=2$):sig +
平地农户	匹配前	0.247***	0.025	9.880	—
	k 近邻匹配（$k=1$）	0.196***	0.034	5.765	***
	k 近邻匹配（$k=3$）	0.192***	0.029	6.621	***
	半径匹配（卡尺=0.06）	0.197***	0.035	5.629	***
	核匹配	0.197***	0.035	5.629	***
	平均值	0.196	—	—	—
坡地山地农户	匹配前	-0.231***	0.068	-3.397	—
	k 近邻匹配（$k=1$）	-0.048	0.131	-0.366	***
	k 近邻匹配（$k=3$）	-0.050	0.110	-0.455	***
	半径匹配（卡尺=0.06）	-0.049	0.088	-0.557	***
	核匹配	-0.052	0.095	-0.547	***
	平均值	-0.050	—	—	—

续表

		平均处理效应	标准误	T值	敏感性检验（$\Gamma=2$）：sig+
纯农业户	匹配前	0.113***	0.037	3.054	—
	k近邻匹配（k=1）	0.171***	0.057	3.000	***
	k近邻匹配（k=3）	0.165***	0.059	2.797	***
	半径匹配（卡尺=0.06）	0.175***	0.059	2.966	***
	核匹配	0.177***	0.062	2.855	***
	平均值	0.172	—	—	—
兼业农户	匹配前	0.155***	0.029	5.345	—
	k近邻匹配（k=1）	0.082***	0.031	2.645	***
	k近邻匹配（k=3）	0.068**	0.035	1.943	***
	半径匹配（卡尺=0.06）	0.066**	0.033	2.000	***
	核匹配	0.071**	0.035	2.029	***
	平均值	0.072	—	—	—

依据农户实际经营耕地所属地形为平地或坡地山地，研究农机社会化服务对土地生产率的影响。与平地相比，坡地山地的机耕道路等基础设施较为薄弱，农机作业难度较大。上表的估计结果显示，相比坡地山地地区，农机社会化服务对平地的土地生产率提升效果更显著。农机社会化服务对平地农户的土地生产率具有正向影响效应，影响的净效应为0.196；证明了农户选择性偏差被考量之后，采纳农机社会化服务会促使农户土地生产率显著提高19.6%。而农机社会化服务对坡地山地农户的土地生产率不具有显著影响。这可能是因为数据本身为截面数据，只表示原始的地形状态，无法反映出本部分研究期间人们对地形的改造（潘彪和田志宏，2018），从而影响了其显著性，但这并不能否定坡地山地对农户应用农机的制约作用。

农机社会化服务对兼业农户的土地生产率具有正向影响效应，农机社会化服务的出现有效缓解了兼业农户面临的农业劳动力和农业技术双重缺乏的现状，实现小农户与现代农业的有机衔接，有利于土地生产率的提高。但是兼业农户是指农户既从事农业生产，也从事非农业经营并取得收入。对于兼业农户，农业收入不再是其收入的唯一来源，这可能会影响农户购买农机社会化服务进行粮食生产的积极性。况且，兼业农户缺乏农业劳动监督，其采纳农机社会化服务的效率低于纯农业户。反观，农机社会化服务对纯农业户的土地生产率具有正向影响效应，影响的净效应为0.172。纯农业户采纳农机社会化服务之后其土地生产率比不采纳农机社会化服务提高了17.2%。为避免纯农业户缺乏先进的农业技术、经营管理技能，嵌入农机社会化服务是较为理想的选择，并且纯农业户对农机社会化服务的监督程度更高，因而纯农业户采纳农机社会化服务对土地生产率的影响程度相对更高。

第四节 本章小结

在"谁来种地"的现实困境下，农机社会化服务对土地生产率的影响一直是一个值得深入探讨的问题，目前尚不清楚对于高土地生产率与低土地生产率的农户是否同样从农机社会化服务的采纳中受益。本研究通过构建农户采纳农机社会化服务对土地生产率影响的理论模型，利用中国13个玉米主产省份1048户农户的实地调查数据，采用OLS回归模型、PSM方法、分位数回归模型，分析了农机社会化服务对土地生产率的影响效应及群组异质性。结果表明：农机社会化服务在总体上对玉米生产具有增产效应，在此基础上考虑样本选择偏误进行的倾向得分匹配分析结果依然显著，农机社会化服务仍对土地生产率具有显著正向影响。此外，农机社会化服务的采纳显著提高了所有选定分位数的玉米生产土地生产率，低土地生产率的农户从农机社会化服务中受益更多，农机社会化服务的采纳有可能降低玉米生产土地生产率的不平等程度。而且，农机社会化服务的作用效果会因地形地貌和农户劳动力禀赋的差异而具有异质性。

第六章 农机社会化服务对土地经营规模的影响

劳动生产率的另一个增长来源是劳均经营规模的扩大，扩大劳均经营规模有扩大土地经营规模和促进农户劳动力转移两种途径，第六章主要讨论农机社会化服务对土地经营规模的影响。在前述系统的理论分析和农户生产模型推导后，本章基于2019年13个玉米主产省份1048份农户调查数据，采用OLS回归模型、三阶段最小二乘法、似不相关Biprobit联立模型和Probit模型综合分析了农户采纳农机社会化服务影响土地经营规模的效果，验证了农户采纳农机社会化服务对土地经营规模存在显著性促进作用。实证分析不同环节农机社会化服务对土地经营规模的影响差异，并对地形条件特征和农户兼业情况进行异质性分析。

第一节 问题的提出

农机社会化服务是农业社会化服务体系的重要组成部分，对扩大土地经营规模具有重要的现实意义。在大国小农的国情农情下，中国发展农机社会化服务有助于弥补农户家庭经营规模小而分散的缺陷，带动玉米生产的专业化分工，进而推动中国粮食生产从传统小规模农户经营转变到现代规模经营，提高农业规模经营的集约化程度与专业化水平（罗必良，2014；姜长云，2011）。但是，随着土地经营规模的扩大，许多国家和地区却出现了农业生产率逐渐降低的情况。已有研究更多地把农户土地经营规模的影响因素归于产权制度、兼业情况（张忠明和钱文荣，2014）、人力资本

第六章　农机社会化服务对土地经营规模的影响

(付振奇和陈淑云，2017)、农户家庭资源禀赋差异（Olmstead and Rhode，2001；周作昂等，2020）等，只有较少的学者考虑到农机社会化服务对土地经营规模产生的影响。实际上，在中国积极推动土地适度规模经营、发展农机社会化服务是必然选择，这不仅是解决当前农业问题的有效途径，也是推动农业发展的重要力量。同时，农机社会化服务也是土地经营规模的基本保障。农机社会化服务产生于农业分工和专业化相结合的过程，影响农业专业化生产的经营规模（王钊等，2015）；农机社会化服务发现了农户与规模经济的"交集"，促使社会资源得以高效配置利用，也提高了农业生产力（黄季焜，2013）。学术界关于农机社会化服务对土地经营规模的作用给予充分肯定，刘强和杨万江（2016）发现农机社会化服务促进了土地的规模经营。姜松等（2016）基于村级调查数据进行实证研究，得出村级灌溉排水服务、病虫害防治服务和农机耕地服务对土地经营规模存在显著正向影响的结论。此外，大力培育各种类型的农机社会化服务组织可以促进土地经营规模的发展（韩俊，2010）。

基于中国农业发展实践可以得出以下结论，虽然土地流转的农业适度规模经营取得了一定的成功，但它只是提高农业生产效率的充分不必要条件，农机社会化服务的适度规模经营才是提高农业生产效率的充分必要条件（钟真，2019）。农业科技进步为农业经营主体提升适度规模阈值，农机社会化服务水平的提高为农业适度规模经营的集约化、专业化、组织化深入发展提供支撑和保障。就经营规模与社会化服务的关系，有研究认为农户水稻种植规模的扩大显著促进了采纳劳动密集型农机社会化服务，原因可能在于稻田规模越大的农户面临更为严重的劳动力供给约束（蔡荣和蔡书凯，2014），尤其在基于价格与成本的经典分析范式下，只有农机社会化服务的规模足够大，降低每亩机械平均作业成本，才会促使众多小农户主动采用农机社会化服务（Yang et al.，2013），农户扩大土地经营规模会促使其采用农机与技术，适度的土地经营规模对农机社会化服务存在正向影响（曹阳和胡继亮，2010；纪月清和钟甫宁，2013）。但也有研究结论表明土地经营规模与农户采纳社会化服务决策之间呈倒 U 型关系，但如果考虑到社会化服务分工的进一步完善、交易成本的下降，土地经营规模与社会化服务的临界约束将增大，因此对于土地经营规模普遍较小的中国农户来说，其土地经营规模增大将有助于采纳社会化服务（钱静斐等，2017）。

基于此，现有研究为农户采纳农机社会化服务影响土地经营规模提供了一定研究基础，不过在系统分析其影响机制上仍存在欠缺。同时其研究方法也常忽视农户层面农机社会化服务采纳决策和土地经营规模决策之间相互影响的内生性问题。因此本研究需要明确农户采纳农机社会化服务影响土地经营规模的效果，厘清基于农户分化视角下农机社会化服务对土地经营规模的作用，并考虑农户采纳农机社会化服务和土地经营规模的内生性问题。首先，从理论分析方面和可分离的农户生产模型推导方面来厘清农机社会化服务对土地经营规模的作用机理；然后，运用2019年中国13个玉米主产省份1048份种植户调查数据，采用OLS回归模型、三阶段最小二乘法、似不相关Biprobit联立模型和Probit模型，充分考察农户农机社会化服务采纳决策和土地经营规模决策之间可能存在的内生性。研究结果有助于剖析农机社会化服务与土地经营规模的关系，为发展农机社会化服务体系和促进土地经营规模提供启示。

第二节　模型和变量设定

一、模型设定

通过构建理论框架，发现农户采纳农机社会化服务对土地经营规模存在正向影响效应，但是实际上，农户农机社会化服务采纳与土地经营规模之间存在同时决策问题，二者相互影响。由此设置模型如下所示：

$$Land_i = \alpha_0 + \delta_1 Service_i + \alpha_1 Rent_i + \alpha_2 Social_i + \sum_{j=0}^{3} \alpha_{Mj} M_{ji} + \sum_{j=0}^{6} \alpha_{Nj} N_{ji} + \mu_i \quad (1)$$

$$Service_i = \beta_0 + \delta_2 Land_i + \beta_1 Rate_i + \sum_{j=0}^{3} \beta_{Mj} M_{ji} + \sum_{j=0}^{6} \beta_{Nj} N_{ji} + \nu_i \tag{2}$$

农户土地经营规模决策方程是式（1），农机社会化服务购买决策方程是式（2）。方程中下标 i 显示为第 i 个农户，下标 j 显示为第 j 个变量，$Land_i$ 显示为土地经营规模决策变量；$Service_i$ 表示农机社会化服务决策变量；$Rent_i$ 代表土地租金；$Social_i$ 表示社会资本变量；$Rate_i$ 表示农户的生产商品化率；M_{ji} 代表农户的个体特征，N_{ji} 代表农户的家庭特征；δ_1、δ_2 是主要的估计系数，μ_i、ν_i 为随机误差项。

土地经营规模决策方程主要衡量农机社会化服务对玉米播种面积、农户土地转入决策的影响，一般应用 OLS 回归模型和三阶段最小二乘法进行估计。当被解释变量为二元分类变量时，通常采用单一方程 Probit 模型进行参数估计，然而由于农户采纳农机社会化服务决策和土地经营规模决策之间存在相互作用，所以本研究接着应用似不相关 Biprobit 联立模型。进一步应用三阶段最小二乘法来检验其稳健性，三阶段最小二乘法把不同方程的扰动项可能存在的相关性考量在内，陈强（2014）指出 3SLS 模型能够作为似不相关联立模型的参照。

本研究的联立方程中共有两个内生变量，即农户采纳农机社会化服务决策变量和土地经营规模决策变量，在农机社会化服务采纳决策方程中排斥的外生变量为土地租金和社会资本，在土地经营规模决策方程中排斥的外生变量为农户的生产商品化率，那么联立方程组的秩条件和阶条件得以满足，达成进行估计的条件，联立方程组可以有效识别。

二、变量设定

1. 内生变量

本研究存在两个内生变量：一是农机社会化服务决策变量；二是土地经营规模决策变量。土地经营规模决策变量可采用玉米播种面积指标、农户是否转入土地（转入 =1，未转入 =0）决策指标来度量。

2. 农机社会化服务采纳决策方程的解释变量

农户的生产商品化率反映了市场化程度,市场化程度较高的农户更倾向于采纳农机社会化服务来提高农业收益,而市场化程度较低的农户自给自足的可能性相对更大。所以,本研究中识别农机社会化服务采纳决策方程的外生变量选定为农户的商品化率。

3. 土地经营规模决策方程的解释变量

土地经营规模决策方程主要衡量农机社会化服务对玉米播种面积、农户土地转入决策的影响。土地租金作为土地权益在经济上的体现方式,是土地经营规模行为的影响因素,本研究选择2018年农户土地平均转入价格(元/亩)的对数形式作为土地租金变量。此外,由于中国乡村社会基本属于熟人社会,长期、稳定和友好的农户间社会关系,可以帮助获得亲友邻里的支持,从而实现经济互惠的利益诉求(李虹韦和钟涨宝,2020)。通过社会关系网络形成的社会资本在农户的生产、生活中发挥较为重要的作用。社会资本表现了农户在社会网络通过人际关系获取资源的能力,是农户拥有的社会资源的总和。已有研究说明社会资本对农户扩大土地经营规模具有显著的作用(杨芳,2019),本研究选择春节期间通过各种方式(包括见面/打电话/微信等)相互问候的亲戚和朋友熟人人数的对数形式作为社会资本变量。

4. 控制变量

本研究引入农户的农业经营和农户特征两类控制变量。农户的农业经营类控制变量主要从家庭人口特征方面(农户家庭人口数、农业劳动力占比)、土地资源情况方面(土地质量)、家庭资产情况方面(农业机械资产)以及农业依赖度方面(非农收入比例)选定,共包含5个变量。农户特征主要包含户主年龄、受教育程度以及健康状况3个变量。引入了一组地区虚拟变量,控制其不同地区在气候因素、水文条件、地理情况、农业生产现状等难以观测因素的区别,以避免地区因素对农机社会化服务采纳与土地经营规模造成影响。以上相关变量定义和统计描述如表6-1所示。

第六章 农机社会化服务对土地经营规模的影响

表6-1 变量说明及描述性统计

类型	变量	变量定义	最小值	最大值	均值	标准差
内生变量	农机社会化服务决策变量	农户是否采纳农机社会化服务：采纳=1，未采纳=0	0	1	0.569	0.495
	农机社会化服务采纳项数	采纳项数为0表示农户没有采纳农机社会化服务，采纳项数为5表示农户采纳5项农机社会化服务	0	5	1.473	1.601
	农机社会化服务采纳程度	农户玉米生产采纳耕整地、播种、植保、灌溉排水、收获农机社会化服务亩数之和占玉米播种面积的比重	0	5	1.151	1.629
	土地经营规模决策变量①	农户的玉米播种面积（亩）	0.2②	120	12.289	16.825
	土地经营规模行为变量③	农户是否转入土地：是=1，否=0	0	1	0.481	0.499
解释变量	土地租金	2018年农户土地平均转入价格（元/亩）	0	1200	292.862	177.151
	社会资本	春节期间相互问候的亲戚人数+春节期间相互问候的朋友人数	0	780	49.901	53.118
	商品化率	玉米销售量（斤）/玉米总产量（斤）	0	1	0.799	0.350

① 土地经营规模决策变量：一是农户的玉米播种面积取自然对数；二是采用玉米种植户是否转入土地未进行稳健性检验。转入=1，表示农户转入土地，即转入=0，表示农户没有转入土地。

② 由于2019年中国农业大学国家农业农村发展研究院对全国13省份玉米种植户开展的农村调查中，既包括玉米播种面积为0.2亩的小规模农户，也包括玉米播种面积为120亩的大规模农户，根据所调研农户的玉米播种面积（亩）标准差较大。

③ 由于土地租金的缺失值较多，根据所调研农户的所属村、乡镇、县市区、省自治区直辖市，逐步生成缺失地域地租的平均值定义变量。

省自治区直辖市未选择省区，依次依据村、乡镇、县市区。

· 135 ·

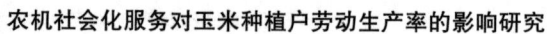

续表

类型	变量	变量定义	最小值	最大值	均值	标准差
控制变量	户主年龄	户主年龄（岁）	20	79	51.838	10.272
	户主受教育程度	文盲=1，小学=2，初中=3，高中=4，大专=5，大专以上=6	1	6	2.776	0.929
	户主健康状况	好=1，一般=2，差=3，无劳动能力=4	1	4	1.416	0.628
	家庭人口数	农户家庭人口数量（人）	1	12	3.938	1.503
	农业劳动力占比	家庭农业劳动力数量/家庭人口数量	0.125	1	0.631	0.242
	亩均农业机械资产	农户家庭亩均农业机械资产现值	0	5000	285.226	649.815
	非农收入比例	（务工和家庭非农经营收入+财产性收入+最低生活保障收入五保收入+灾害救济收入+其他收入）/（农业经营收入+务工和家庭非农经营收入+财产性收入+最低生活保障收入五保收入+灾害救济收入+其他收入）	0	1	0.574	0.373
	土地质量	土地贫瘠=1，土地质量中等偏下=2，土地质量中等=3，土地质量中等偏上=4，土地非常肥沃=5	1	5	2.962	0.855
地区变量	东部地区	是否位于东部地区？是=1；否=0	0	1	0.395	0.489
	中部地区	是否位于中部地区？是=1；否=0	0	1	0.223	0.417
	西部地区	是否位于西部地区？是=1；否=0	0	1	0.222	0.415
	东北地区	是否位于东北地区？是=1；否=0	0	1	0.160	0.366

注：数据来源于农村实地调研；由于截面数据容易出现异方差性问题，为保证模型的有效性，对土地租金、社会资本、户主年龄、家庭人口数、玉米播种面积和亩均农业机械资产取自然对数，以减弱可能出现的异方差问题。

第三节 实证分析

一、基准回归

把农户土地经营规模行为用玉米播种面积的对数来表示，构建 OLS 模型和 3SLS 模型分别进行总体回归，控制变量的设置相同，具体估计结果如表 6-2 所示。

表 6-2 农机社会化服务对土地经营规模的 OLS 回归模型估计结果

变量	OLS (1) 土地经营规模方程	OLS (1) 农机社会化服务方程	OLS (2) 土地经营规模方程	OLS (2) 农机社会化服务方程	OLS (3) 土地经营规模方程	OLS (3) 农机社会化服务方程
农机社会化服务决策变量	0.164*** (0.047)	—	—	—	—	—
农机社会化服务采纳项数	—	—	0.133** (0.065)	—	—	—
农机社会化服务采纳程度	—	—	—	—	0.125*** (0.041)	—
土地经营规模决策变量（对数）	—	0.056*** (0.019)	—	0.051*** (0.015)	—	0.059*** (0.017)
土地租金（对数）	0.092*** (0.014)	—	0.080*** (0.015)	—	0.076*** (0.015)	—
社会资本（对数）	0.010 (0.027)	—	0.008 (0.030)	—	0.007 (0.031)	—
商品化率	—	0.095** (0.042)	—	0.155*** (0.058)	—	0.087** (0.035)

土地经营规模定义：玉米播种面积的对数

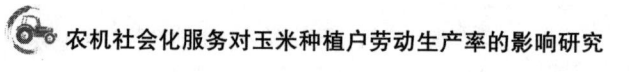

续表

变量	OLS（1）		OLS（2）		OLS（3）	
	土地经营规模定义：玉米播种面积的对数					
	土地经营规模方程	农机社会化服务方程	土地经营规模方程	农机社会化服务方程	土地经营规模方程	农机社会化服务方程
户主年龄（对数）	-0.233** (0.111)	0.036 (0.068)	-0.196* (0.117)	0.110 (0.266)	-0.191 (0.120)	0.085 (0.068)
户主受教育程度	-0.051** (0.025)	0.044*** (0.016)	-0.068** (0.027)	0.047** (0.021)	-0.064** (0.027)	0.053*** (0.018)
户主健康状况	-0.099*** (0.035)	0.014 (0.021)	-0.123*** (0.037)	0.025 (0.043)	-0.127*** (0.037)	0.021 (0.026)
家庭人口数（对数）	0.058*** (0.008)	0.051 (0.053)	0.064*** (0.009)	0.049 (0.032)	0.066*** (0.009)	0.052 (0.039)
农业劳动力占比	0.048 (0.108)	0.035 (0.066)	0.049 (0.118)	0.060 (0.054)	0.052 (0.119)	0.049 (0.057)
亩均农业机械资产（对数）	0.046*** (0.006)	-0.009** (0.004)	0.045*** (0.006)	-0.021** (0.009)	0.045*** (0.006)	-0.014** (0.006)
非农收入比例	-0.035 (0.072)	0.034 (0.044)	-0.078 (0.096)	0.017 (0.015)	-0.097 (0.078)	0.029 (0.041)
土地质量	0.027 (0.025)	0.012 (0.016)	0.035 (0.028)	0.061 (0.054)	0.041 (0.028)	0.014* (0.008)
地区虚拟变量	已控制	已控制	已控制	已控制	已控制	已控制
常数项	2.304*** (0.522)	-0.438*** (0.097)	1.495*** (0.550)	-1.019*** (0.311)	1.556*** (0.563)	-0.315 (1.177)
F统计量	61.19	38.51	52.53	26.80	52.59	58.18
Prob > F	0.0000	0.0000	0.0000	0.0000	0.0000	0.0000
R^2	0.425	0.230	0.417	0.190	0.411	0.295
观测值	1048					

注：*、**、*** 分别表示变量系数估计值在10%、5%、1%的统计水平上显著；括号内的数值为标准误。下同。

表 6-2 为全部样本农户进行 OLS 回归的实证结果,展示了农机社会化服务方程和土地经营规模方程中各变量的估计系数。土地经营规模方程的实证结果表明,农机社会化服务决策变量、农机社会化服务采纳项数变量、农机社会化服务采纳程度变量均对土地经营规模具有正向影响,并且均通过 5% 的显著性检验,部分验证了农机社会化服务对土地经营规模的促进作用。

但是,由于农户采纳农机社会化服务决策和土地经营规模决策存在相互影响,单一方程 OLS 回归模型进行参数估计可能存在偏误,因此,本研究重点分析三阶段最小二乘法模型的估计结果(见表 6-3)。

表 6-3 农机社会化服务对土地经营规模的 3SLS 模型估计结果

变量	3SLS(1)		3SLS(2)		3SLS(3)	
	土地经营规模定义:玉米播种面积的对数					
	土地经营规模方程	农机社会化服务方程	土地经营规模方程	农机社会化服务方程	土地经营规模方程	农机社会化服务方程
农机社会化服务决策变量	0.103*** (0.026)	—	—	—	—	—
农机社会化服务采纳项数	—	—	0.096*** (0.023)	—	—	—
农机社会化服务采纳程度	—	—	—	—	0.109*** (0.028)	—
土地经营规模决策变量(对数)	—	0.073** (0.029)	—	0.050** (0.024)	—	0.061** (0.030)
土地租金(对数)	0.039*** (0.009)	—	0.015*** (0.004)	—	0.041*** (0.009)	—
社会资本(对数)	0.015 (0.031)	—	0.009 (0.006)	—	0.025 (0.027)	—

续表

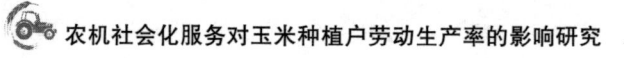

变量	3SLS (1) 土地经营规模方程	3SLS (1) 农机社会化服务方程	3SLS (2) 土地经营规模方程	3SLS (2) 农机社会化服务方程	3SLS (3) 土地经营规模方程	3SLS (3) 农机社会化服务方程
	土地经营规模定义：玉米播种面积的对数					
商品化率	— —	0.079*** (0.028)	— —	0.066*** (0.021)	— —	0.075** (0.031)
户主年龄（对数）	-0.168 (0.152)	0.058 (0.076)	-0.215 (0.172)	0.037 (0.033)	-0127 (0.158)	0.053 (0.047)
户主受教育程度	-0.016** (0.008)	0.028* (0.016)	-0.015*** (0.006)	0.022** (0.010)	-0.015** (0.007)	0.024* (0.013)
户主健康状况	-0.097 (0.108)	0.011 (0.025)	-0.081 (0.074)	0.021 (0.016)	0.077 (0.069)	0.031 (0.027)
家庭人口数（对数）	0.057** (0.029)	0.072 (0.092)	0.032** (0.015)	0.039 (0.051)	0.033 (0.028)	0.048 (0.038)
农业劳动力占比	0.016 (0.034)	0.017 (0.018)	0.017 (0.028)	0.020 (0.024)	0.027 (0.030)	0.022 (0.025)
亩均农业机械资产（对数）	0.078*** (0.020)	-0.011** (0.005)	0.048*** (0.012)	-0.072** (0.035)	0.064** (0.026)	-0.028** (0.013)
非农收入比例	-0.084 (0.076)	0.075 (0.120)	-0.097 (0.139)	0.034 (0.029)	-0.092 (0.010)	0.025 (0.021)
土地质量	0.049 (0.082)	0.013 (0.016)	0.047 (0.061)	0.015 (0.020)	0.054 (0.047)	0.015 (0.011)
地区虚拟变量	已控制	已控制	已控制	已控制	已控制	已控制
常数项	4.146*** (1.537)	-0.731** (0.350)	2.393** (1.116)	-1.936*** (0.717)	2.815*** (1.048)	-1.042*** (0.299)
观测值	1048					

通过分析农户采纳农机社会化服务影响其土地经营规模的情况，以确定农机社会化服务对促进土地经营规模的影响机制。根据表6-3所示实证

分析结果判断农机社会化服务与土地经营规模是否直接相关。基于 3SLS（1）、3SLS（2）、3SLS（3）可得，以三种形式测度的农机社会化服务均与土地经营规模呈现正相关关系，并且均通过 1% 统计水平的显著性检验，验证了所提出的研究假说。农户采纳农机社会化服务可以对劳动力、技术和资金进行配置，有效缓解要素对土地规模化经营的制约，从而对土地经营规模产生提升作用。

土地经营规模方程中的外生变量为土地租金和社会资本。土地租金对土地经营规模存在正向作用，且通过 1% 的显著性检验。农户在扩大土地经营规模时，既要考虑土地租金，更要考虑土地流转后的收益；若扣除土地流转成本后的收益为正，农户会倾向于扩大土地经营规模。当土地的基础设施较为完备、质量较高时，即使地租较昂贵，农户依然愿意扩大土地经营规模。反之，若土地质量较差，即使地租十分便宜，农户也不愿意扩大土地经营规模。社会资本对农户土地经营规模不存在显著影响，与预期的影响效果不同；这可能主要是因为现阶段中国土地流转市场的发展水平不断提高，土地非正式交易逐渐减少，土地流转过程的交易成本得以降低（陈浩和王佳，2016），不再需要社会资本来筛选合适的交易对象。农机社会化服务采纳决策方程的外生变量为农户生产的商品化率，农业生产的商品化率对三种形式测度的农机社会化服务采纳变量均存在显著的正向影响效应。农户进行农业生产的商品化率较高，则倾向于采纳农机社会化服务来提质增效。

农业经营类控制变量中的亩均农业机械资产对土地经营规模存在显著的正向作用效果，农户拥有的农机资产越充裕则其资源禀赋越具优势，农户会倾向于扩大土地经营规模。值得注意的是，亩均农业机械资产对农机社会化服务采纳决策存在显著的负向作用效果，选择农机社会化服务和自购农机是农户实现玉米生产机械化的两种途径，二者互相替代。农机禀赋充足的农户会倾向于使用自有农机作业，而不是购买农机社会化服务。农户家庭人口数对土地经营规模具有显著的正向影响效应，农户家庭人口数越多，农户劳动力要素越富余，从事土地规模化经营的可能性就会显著增大。

农户特征类控制变量中的户主受教育程度对农户土地经营规模存在显著的负向影响效应，对农机社会化服务采纳决策存在显著的正向影响效应，说明受教育程度较高的农户更倾向于在劳动报酬更高的非农产业就业。而农业经济的增长离不开人力资本的投入，户主受教育程度较高可能会提高新技术的学习、掌握和应用水平，农户会倾向于采纳农机社会化服务。

二、稳健性估计

采用替换土地经营规模决策变量为土地经营规模行为变量，即玉米种植户是否转入土地，以不同的估计方法来进行稳健性检验。其中，表6-4（1）通过单一Probit模型的土地经营规模方程得出，农户采纳农机社会化服务决策对农户土地经营规模行为有正向影响，且在1%的统计水平上显著。表6-4（2）表明通过似不相关Biprobit联立模型的Wald检验，可以应用似不相关联立模型来分析论证；与单一方程Probit估计相比较，两种估计结果均得出农户采纳农机社会化服务决策对农户土地经营规模行为具有显著正向影响，并且农户土地经营规模行为对其农机社会化服务的采纳行为也具有显著正向影响，说明采纳农机社会化服务与土地经营规模两种决策间存在双向反馈效应。表6-4（3）中三阶段最小二乘（3SLS）对似不相关Biprobit联立模型进行了稳健性估计，三阶段最小二乘的估计结果和似不相关Biprobit联立模型的分析结果大致相同，则证明似不相关Biprobit联立模型得出的回归结果稳健可靠。

表6-4的估计结果显示，以玉米种植户是否转入土地作为土地经营规模行为变量，并且应用Probit、Biprobit和3SLS模型仍可以较好地证明农机社会化服务对土地经营规模的正向显著影响。与表6-3的实证结果相比，当替换土地经营规模衡量指标和估计方法后，核心解释变量农机社会化服务在保持原有显著性和符号方向的基础上，其系数估计值变动幅度也较小，这说明农户采纳农机社会化服务对土地经营规模具有促进作用，并且该结果具有较强的稳健性。

表6-4 农机社会化服务对土地经营规模的模型估计结果（替换指标）

变量	Probit（1）土地经营规模方程	Probit（1）农机社会化服务方程	Biprobit（2）土地经营规模方程	Biprobit（2）农机社会化服务方程	3SLS（3）土地经营规模方程	3SLS（3）农机社会化服务方程
农机社会化服务决策变量	0.335*** (0.094)	—	1.705*** (0.062)	—	0.182*** (0.061)	—
土地经营规模行为变量	—	0.346*** (0.093)	—	1.243*** (0.012)	—	0.175*** (0.046)
土地租金（对数）	0.133*** (0.028)	—	0.074*** (0.007)	—	0.033*** (0.007)	—
社会资本（对数）	-0.144 (0.312)	—	0.024 (0.021)	—	-0.040* (0.022)	—
商品化率	—	0.265*** (0.102)	—	0.148*** (0.041)	—	0.107*** (0.024)
户主年龄（对数）	0.157*** (0.046)	0.137 (0.216)	0.215 (0.194)	0.207 (0.319)	0.001 (0.006)	0.005 (0.007)
户主受教育程度	-0.152*** (0.050)	0.065** (0.032)	-0.036** (0.015)	0.029*** (0.011)	-0.072*** (0.027)	0.037*** (0.006)
户主健康状况	0.011 (0.007)	0.020 (0.068)	0.092 (0.060)	0.072 (0.098)	0.039 (0.032)	0.017 (0.029)
家庭人口数（对数）	0.023** (0.011)	0.030 (0.028)	0.054 (0.153)	-0.059 (0.132)	0.016* (0.009)	0.012 (0.033)
农业劳动力占比	0.035 (0.117)	0.097 (0.220)	0.331 (0.287)	0.037* (0.022)	0.021 (0.015)	0.022 (0.017)
玉米播种面积（对数）	-0.020 (0.041)	0.012** (0.005)	-0.024*** (0.005)	0.028*** (0.007)	-0.023*** (0.004)	0.037** (0.015)
亩均农业机械资产（对数）	0.025** (0.011)	-0.031*** (0.011)	0.030*** (0.009)	-0.029*** (0.008)	0.032*** (0.007)	-0.008*** (0.003)

续表

变量	Probit（1） 土地经营规模方程	Probit（1） 农机社会化服务方程	Biprobit（2） 土地经营规模方程	Biprobit（2） 农机社会化服务方程	3SLS（3） 土地经营规模方程	3SLS（3） 农机社会化服务方程
非农收入比例	-0.13 (0.014)	0.010 (0.013)	-0.161 (0.115)	0.094 (0.083)	0.026 (0.061)	0.008 (0.049)
土地质量	-0.084 (0.062)	0.043*** (0.005)	-0.074 (0.056)	0.021 (0.042)	0.008 (0.024)	0.011 (0.017)
地区虚拟变量	已控制	已控制	已控制	已控制	已控制	已控制
常数项	-0.353 (1.029)	-3.397*** (0.986)	-0.608 (0.865)	-2.312*** (0.866)	-0.158 (0.207)	0.581*** (0.147)
对数似然值 waldχ^2 prob > χ^2	-636.84	-646.84	-964.73 823.21 0.0000			
观测值	1048					

三、不同农机社会化服务对土地经营规模的影响存在差异

估计农户采纳不同环节农机社会化服务对土地经营规模的影响效应，如表6-5所示。耕整地、播种、植保、灌溉排水和收获环节农机社会化服务均对土地经营规模存在显著的正向影响。比较其系数后得出，灌溉排水环节农机社会化服务对土地经营规模的边际影响效应最大，其次为植保环节农机社会化服务，然后是耕整地、播种环节农机社会化服务，边际影响效应最小的是收获环节农机社会化服务。总结而言，技术密集型环节农机社会化服务对土地经营规模的影响大于劳动密集型环节农机社会化服务。

基于农户生计选择和家庭禀赋，把农机社会化服务所提供的生产要素转化为农户自身生产能力的提升，则会促使农户扩大土地经营规模。不同于劳动密集型环节，农户生产能力的提升更多地受到技术密集型环节的影响。因此技术密集型环节农机社会化服务对农户生产能力的提升程度更大，进而对土地经营规模的扩大作用更强烈。

表6–5 不同环节农机社会化服务对土地经营规模的模型估计结果（上）

变量	3SLS（1）土地经营规模方程	3SLS（1）耕整地农机社会化服务方程	3SLS（2）土地经营规模方程	3SLS（2）播种农机社会化服务方程	3SLS（3）土地经营规模方程	3SLS（3）植保农机社会化服务方程
耕整地服务决策变量	0.110** (0.047)	—	—	—	—	—
播种服务决策变量	—	—	0.086*** (0.015)	—	—	—
植保服务决策变量	—	—	—	—	0.146** (0.059)	—
排灌服务决策变量	—	—	—	—	—	—
收获服务决策变量	—	—	—	—	—	—
土地经营规模决策变量（对数）	—	0.053*** (0.014)	—	0.015** (0.007)	—	0.079** (0.034)
土地租金（对数）	0.121*** (0.042)	—	0.056*** (0.018)	—	0.011*** (0.004)	—
社会资本（对数）	0.073 (0.053)	—	0.009 (0.008)	—	0.023 (0.017)	—
商品化率	—	0.032*** (0.010)	—	0.009** (0.004)	—	0.069** (0.035)
户主年龄（对数）	0.047 (0.029)	0.013 (0.009)	0.046 (0.053)	0.029 (0.025)	0.031 (0.027)	0.045 (0.048)
户主受教育程度	-0.126** (0.060)	0.020*** (0.007)	-0.065* (0.037)	0.031* (0.016)	-0.089*** (0.032)	0.014 (0.010)

续表

变量	3SLS（1） 土地经营规模方程	3SLS（1） 耕整地农机社会化服务方程	3SLS（2） 土地经营规模方程	3SLS（2） 播种农机社会化服务方程	3SLS（3） 土地经营规模方程	3SLS（3） 植保农机社会化服务方程
户主健康状况	0.087 (0.088)	0.032 (0.031)	0.014 (0.017)	0.007 (0.008)	0.037 (0.043)	0.012 (0.016)
家庭人口数（对数）	0.057 (0.049)	0.034 (0.029)	0.029 (0.025)	0.023 (0.028)	0.037 (0.029)	0.070 (0.059)
农业劳动力占比	0.018 (0.034)	0.037 (0.033)	0.033 (0.027)	0.039 (0.036)	0.004 (0.003)	0.008 (0.006)
亩均农业机械资产（对数）	0.051*** (0.013)	-0.017** (0.008)	0.042* (0.025)	-0.007** (0.003)	0.087*** (0.023)	-0.012*** (0.004)
非农收入比例	0.077 (0.053)	0.040 (0.036)	0.067 (0.059)	0.015 (0.012)	0.058 (0.041)	0.059 (0.047)
土地质量	0.044 (0.062)	0.003 (0.019)	0.040 (0.028)	0.057** (0.026)	0.015 (0.012)	0.014 (0.010)
地区虚拟变量	已控制	已控制	已控制	已控制	已控制	已控制
常数项	0.663*** (0.134)	0.681*** (0.169)	6.015** (2.932)	-0.876** (0.382)	3.293** (1.571)	-0.753*** (0.247)
观测值	1048					

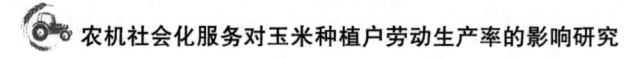

注：本表中农户土地经营规模定义为玉米播种面积的对数。

表6-5 不同环节农机社会化服务对土地经营规模的模型估计结果（下）

变量	3SLS（4） 土地经营规模方程	3SLS（4） 排灌农机社会化服务方程	3SLS（5） 土地经营规模方程	3SLS（5） 收获农机社会化服务方程
耕整地服务决策变量	—	—	—	—

续表

变量	3SLS（4） 土地经营规模方程	3SLS（4） 排灌农机社会化服务方程	3SLS（5） 土地经营规模方程	3SLS（5） 收获农机社会化服务方程
播种服务决策变量	— —	— —	— —	— —
植保服务决策变量	— —	— —	— —	— —
排灌服务决策变量	0.182*** (0.052)	— —	— —	— —
收获服务决策变量	— —	— —	0.058** (0.027)	— —
土地经营规模决策变量（对数）	— —	0.028** (0.011)	— —	0.027** (0.012)
土地租金（对数）	0.016*** (0.004)	— —	0.047*** (0.015)	— —
社会资本（对数）	0.019 (0.015)	— —	0.029 (0.034)	— —
商品化率	— —	0.025*** (0.007)	— —	0.009** (0.004)
户主年龄（对数）	0.021 (0.024)	0.043 (0.036)	0.014 (0.009)	0.054 (0.075)
户主受教育程度	-0.071** (0.035)	0.010** (0.005)	-0.015** (0.007)	0.007*** (0.002)
户主健康状况	0.018 (0.014)	0.008 (0.007)	0.017 (0.018)	0.004 (0.003)
家庭人口数（对数）	0.024 (0.019)	0.022 (0.018)	0.006 (0.004)	0.012 (0.009)

续表

变量	3SLS（4）		3SLS（5）	
	土地经营规模方程	排灌农机社会化服务方程	土地经营规模方程	收获农机社会化服务方程
农业劳动力占比	0.021 (0.024)	0.020 (0.017)	0.005 (0.006)	0.017 (0.014)
亩均农业机械资产（对数）	0.042*** (0.011)	-0.015** (0.006)	0.055*** (0.021)	-0.013** (0.006)
非农收入比例	0.069 (0.058)	0.027 (0.023)	0.068 (0.052)	0.041 (0.037)
土地质量	0.026 (0.023)	0.015 (0.014)	0.028 (0.018)	0.019 (0.016)
地区虚拟变量	已控制	已控制	已控制	已控制
常数项	1.435*** (0.371)	1.336*** (0.365)	1.648** (0.779)	-0.569** (0.285)
观测值	1048			

注：本表中农户土地经营规模定义为玉米播种面积的对数。

四、异质性分析

从农户获取农机社会化服务所受到的多种约束条件来分析，农户兼业情况对农机社会化服务采纳行为（赵培芳和王玉斌，2020）和土地经营规模行为（刘强和杨万江，2016）都产生一定程度的影响。农机社会化服务的本质是用外部要素来代替内部要素，农户作为理性经济人，为了获得最大收益，会倾向于把家庭内部的劳动力分配到收益率更高的产业，那么可能出现家庭农业劳动力数量不足或难以胜任农业生产的情况，此时会倾向于采纳农机社会化服务。

随着中国城市化、工业化及农业农村现代化进程不断加快，基于现阶段社会经济情况和制度体系，兼业农户城市化进程并不彻底，从家庭和农户个体层次上产生务农与务工并存模式（魏平，2020）。基于纯农业户与兼业农户分别分析农机社会化服务对土地经营规模的影响（见表6-6与表6-7）。

表6-6是基于纯农业户估计结果，表6-7则是基于兼业农户的估计结果。无论纯农业户还是兼业农户采纳农机社会化服务都对土地经营规模产生正向影响效应，并且在1%的统计水平上显著；有研究发现（王翌秋和陈玉珠，2016）兼业农户会将其务工收入用于购买农机社会化服务，能缓解兼业导致的劳动力约束，并不会显著影响粮食作物的种植。农户兼业会使得劳动力转移到非农产业，农机社会化服务的采纳对劳动力的"质"与"量"进行了弥补（周利平等，2021）。农机社会化服务为兼业农户应用农业机械提供支持，促使农户扩大土地经营规模，促进小农户接入现代农业发展轨道。

表6-6 纯农业户采纳农机社会化服务对土地经营规模的模型估计结果

变量	OLS (1) 土地经营规模定义：玉米播种面积的对数		3SLS (2) 土地经营规模定义：玉米播种面积的对数	
	土地经营规模方程	农机社会化服务方程	土地经营规模方程	农机社会化服务方程
农机社会化服务决策变量	0.293*** (0.096)	— —	0.199** (0.057)	— —
土地经营规模决策变量	— —	0.068*** (0.023)	— —	0.099** (0.045)
土地租金（对数）	0.107*** (0.029)	— —	0.076*** (0.018)	— —
社会资本（对数）	-0.085 (0.058)	— —	-0.091 (0.112)	— —
商品化率	— —	0.094*** (0.027)	— —	0.107*** (0.024)

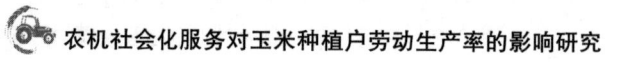

续表

变量	OLS（1）土地经营规模定义：玉米播种面积的对数		3SLS（2）土地经营规模定义：玉米播种面积的对数	
	土地经营规模方程	农机社会化服务方程	土地经营规模方程	农机社会化服务方程
户主年龄（对数）	-0.187*** (0.058)	0.126 (0.158)	-0.075** (0.036)	0.105 (0.129)
户主受教育程度	-0.103*** (0.029)	0.096** (0.043)	-0.055*** (0.010)	0.028*** (0.007)
户主健康状况	0.145** (0.070)	0.076 (0.084)	0.061 (0.089)	0.047 (0.062)
家庭人口数（对数）	0.160** (0.079)	0.062 (0.054)	0.083*** (0.029)	0.032 (0.033)
农业劳动力占比	0.033 (0.025)	0.066 (0.046)	0.026 (0.033)	0.041 (0.037)
亩均农业机械资产（对数）	0.048*** (0.011)	-0.029** (0.013)	0.027*** (0.006)	-0.023** (0.011)
非农收入比例	-0.089 (0.067)	0.017 (0.022)	0.029 (0.025)	0.027 (0.019)
土地质量	-0.014 (0.030)	0.009 (0.016)	0.016 (0.022)	0.011 (0.017)
地区虚拟变量	已控制	已控制	已控制	已控制
常数项	3.300** (1.323)	-1.684*** (0.591)	5.179** (2.172)	-2.858*** (1.102)
F 统计量 Prob > F R^2	13.00 0.000 0.347	7.07 0.000 0.203		
观测值	304			

第六章 农机社会化服务对土地经营规模的影响

表6-7 兼业农户采纳农机社会化服务对土地经营规模的模型估计结果

变量	OLS（1）土地经营规模定义：玉米播种面积的对数		3SLS（2）土地经营规模定义：玉米播种面积的对数	
	土地经营规模方程	农机社会化服务方程	土地经营规模方程	农机社会化服务方程
农机社会化服务决策变量	0.105** (0.050)	— —	0.077** (0.034)	— —
土地经营规模决策变量	— —	0.037*** (0.011)	— —	0.058*** (0.022)
土地租金（对数）	0.082*** (0.012)	— —	0.051*** (0.016)	— —
社会资本（对数）	-0.015 (0.030)	— —	-0.036 (0.074)	— —
商品化率	— —	0.034** (0.015)	— —	0.090** (0.039)
户主年龄（对数）	0.126 (0.114)	0.021 (0.017)	0.030 (0.042)	0.023 (0.019)
户主受教育程度	-0.034** (0.015)	0.032* (0.017)	-0.026*** (0.009)	0.024*** (0.006)
户主健康状况	0.042 (0.036)	0.034 (0.031)	0.131 (0.107)	0.059 (0.045)
家庭人口数（对数）	0.026 (0.017)	0.040 (0.036)	0.018 (0.027)	0.019 (0.013)
农业劳动力占比	0.015 (0.011)	0.021 (0.017)	0.044 (0.050)	0.032 (0.027)
亩均农业机械资产（对数）	0.031*** (0.008)	-0.008** (0.004)	0.036*** (0.013)	-0.012** (0.006)

· 151 ·

续表

变量	OLS (1) 土地经营规模定义：玉米播种面积的对数		3SLS (2) 土地经营规模定义：玉米播种面积的对数	
	土地经营规模方程	农机社会化服务方程	土地经营规模方程	农机社会化服务方程
非农收入比例	-0.028 (0.054)	0.012 (0.009)	0.127 (0.161)	0.084 (0.155)
土地质量	0.023 (0.028)	0.008 (0.018)	0.016 (0.014)	0.012 (0.011)
地区虚拟变量	已控制	已控制	已控制	已控制
常数项	2.775*** (0.525)	-1.354*** (0.357)	3.142*** (1.108)	-1.255*** (0.449)
F统计量 Prob > F R^2	52.31 0.000 0.479	37.44 0.000 0.268		
观测值	744			

值得注意的是，纯农业户采纳农机社会化服务对土地经营规模的促进作用是大于兼业农户的。这可能是由于农机社会化服务提供者与采纳者存在信息不对称性，服务采纳者难以直接观测到农机社会化服务提供者的真实努力程度，并且大田作物在空间上的广布性决定了其所对应的农业劳动也要在较大的空间进行，这给农业生产中的劳动监督带来极大的困难（孙新华，2013）。而农机社会化服务本质上属于雇工劳动，雇工劳动不同于自用工，需要进行一定的劳动监督，也就是说兼业农户采纳农机社会化服务存在道德风险的可能性要高于纯农业户。

反之，当农户存在土地转入行为，进行土地经营规模决策后，由于玉米生产属于季节性作业，每个生产环节的适宜作业时间较短，只依赖家庭内部劳动力难以完成玉米生产的全部环节，那么选择农机社会化服务的概

第六章　农机社会化服务对土地经营规模的影响

率将大大提高。

农机社会化服务是实现资本替代劳动力的有效路径，其对乡村振兴和农业现代化发展都具有重要作用。地形条件是影响中国区域农业机械化水平的重要因素，中国农业机械化发展的两个极端地区分别是山地丘陵地区与平原地区（张宗毅，2020），区域农业机械化水平会影响农户采纳农机社会化服务的难易程度和对劳动力的替代程度。本研究基于农户年末实际经营耕地所属地形地势为平地或坡地山地，将农户分组为平地农户和坡地农户（包括坡地和山地）；基于平地农户与坡地农户分别分析农机社会化服务对土地经营规模的影响如表6-8和表6-9所示。

表6-8　平地农户采纳农机社会化服务对土地经营规模的模型估计结果

变量	OLS（1）土地经营规模定义：玉米播种面积的对数 土地经营规模方程	OLS（1）土地经营规模定义：玉米播种面积的对数 农机社会化服务方程	3SLS（2）土地经营规模定义：玉米播种面积的对数 土地经营规模方程	3SLS（2）土地经营规模定义：玉米播种面积的对数 农机社会化服务方程
农机社会化服务决策变量	0.391*** (0.073)	— —	0.222*** (0.061)	— —
土地经营规模决策变量	— —	0.066*** (0.020)	— —	0.158** (0.069)
土地租金（对数）	0.182*** (0.064)	—	0.051*** (0.014)	—
社会资本（对数）	-0.161 (0.171)	—	-0.006 (0.005)	—
商品化率	—	0.109*** (0.034)	—	0.104*** (0.035)
户主年龄（对数）	0.169*** (0.057)	0.047 (0.063)	0.001 (0.006)	0.018 (0.034)

续表

变量	OLS（1） 土地经营规模定义：玉米播种面积的对数		3SLS（2） 土地经营规模定义：玉米播种面积的对数	
	土地经营规模方程	农机社会化服务方程	土地经营规模方程	农机社会化服务方程
户主受教育程度	-0.154** (0.070)	0.050** (0.023)	-0.072*** (0.027)	0.031*** (0.008)
户主健康状况	-0.020 (0.017)	0.022 (0.018)	0.039 (0.032)	0.017 (0.025)
家庭人口数（对数）	0.118*** (0.041)	0.058 (0.053)	0.047** (0.023)	0.012 (0.019)
农业劳动力占比	0.024 (0.025)	0.032 (0.027)	0.021 (0.015)	0.015 (0.011)
亩均农业机械资产（对数）	0.041** (0.017)	-0.013*** (0.004)	0.032*** (0.007)	-0.039*** (0.014)
非农收入比例	-0.037 (0.047)	0.013 (0.024)	0.026 (0.041)	0.016 (0.013)
土地质量	0.013 (0.015)	0.021 (0.018)	0.008 (0.014)	0.017 (0.019)
地区虚拟变量	已控制	已控制	已控制	已控制
常数项	1.956*** (0.584)	-0.949*** (0.347)	1.963*** (0.429)	-1.006** (0.419)
F 统计量 Prob > F R^2	42.46 0.000 0.377	22.37 0.000 0.185		
观测值	879			

表6-9 坡地农户采纳农机社会化服务对土地经营规模的模型估计结果

变量	OLS（1）土地经营规模定义：玉米播种面积的对数 土地经营规模方程	OLS（1）土地经营规模定义：玉米播种面积的对数 农机社会化服务方程	3SLS（2）土地经营规模定义：玉米播种面积的对数 土地经营规模方程	3SLS（2）土地经营规模定义：玉米播种面积的对数 农机社会化服务方程
农机社会化服务决策变量	0.088 (0.099)	— —	0.165 (0.124)	— —
土地经营规模决策变量	— —	0.035 (0.043)	— —	0.146 (0.185)
土地租金（对数）	0.084*** (0.030)	— —	0.043*** (0.013)	— —
社会资本（对数）	0.114 (0.077)	— —	-0.042* (0.025)	— —
商品化率	— —	0.075** (0.034)	— —	0.095*** (0.029)
户主年龄（对数）	0.029 (0.024)	0.059 (0.048)	0.035 (0.066)	0.084 (0.083)
户主受教育程度	-0.024*** (0.008)	0.039* (0.021)	-0.011*** (0.004)	0.009*** (0.003)
户主健康状况	0.012 (0.008)	0.051 (0.039)	0.073* (0.043)	0.038 (0.035)
家庭人口数（对数）	0.029 (0.020)	0.033* (0.020)	0.020 (0.013)	0.014 (0.011)
农业劳动力占比	0.027 (0.024)	0.079 (0.083)	0.028 (0.021)	0.026 (0.024)
亩均农业机械资产（对数）	0.019* (0.010)	-0.005** (0.002)	0.046*** (0.008)	-0.007* (0.004)

续表

变量	OLS (1) 土地经营规模定义：玉米播种面积的对数		3SLS (2) 土地经营规模定义：玉米播种面积的对数	
	土地经营规模方程	农机社会化服务方程	土地经营规模方程	农机社会化服务方程
非农收入比例	-0.082 (0.145)	0.021 (0.017)	0.038 (0.069)	0.019 (0.052)
土地质量	-0.019 (0.058)	0.069 (0.054)	0.012 (0.029)	0.018 (0.022)
地区虚拟变量	已控制	已控制	已控制	已控制
常数项	2.769*** (0.730)	1.597*** (0.566)	-0.364 (0.742)	0.735*** (0.175)
F统计量 Prob > F R^2	33.33 0.000 0.672	13.57 0.000 0.419		
观测值	169			

对于适宜机械耕种的平原地区，农户采纳农机社会化服务能够扩大土地经营规模；同时，土地规模化经营决策也是影响农机社会化服务发展的重要因素，平原地区地形开阔平坦，适合采用大功率农业机械进行耕种。从地形特征和农机功率相匹配的角度分析，平地农户采纳大功率农机有利于扩大土地经营规模；然而，目前中国的农业经营方式大多仍以小规模农户经营为主体，农户个体并不具备自行直接购买大功率农机的经济条件与作业条件，如果小规模农户自行购买相对便宜的小功率农机，会直接增加农户的生产成本，从而可能使农户土地经营规模缩小。上述困境可能是催生平原地区农户采纳农机社会化服务方式来实现大功率农机作业的原因。

依据表6-8（2）土地经营规模的三阶段最小二乘模型可知，平地农户采纳农机社会化服务对土地经营规模具有正向影响效应，且估计结果通过1%的显著性检验。而依据表6-9（2）可知，坡地农户采纳农机社会化服务对土地经营规模并不具有显著作用。这可能由于土地坡度抑制了农户玉米生产环节农机社会化服务的开展；坡地增加了农户统一生产作业和大型机械使用的难度，不利于规模经营，从而降低了农户采纳农机社会化服务的概率。

第四节　本章小结

本章为了考察农机社会化服务对土地经营规模的影响，在第二节进行系统的理论分析和农户生产模型推导，说明农户采纳农机社会化服务缓解了其所面临的资金、技术和劳动力等限制条件带来的矛盾，有利于农户实现土地经营规模化。随后基于2019年中国13个省1048户玉米种植户的调查数据，采用OLS回归模型、三阶段最小二乘法、似不相关Biprobit联立模型和Probit模型综合分析了农户采纳农机社会化服务对土地经营规模的影响效应，验证了农户采纳农机社会化服务对土地经营规模存在显著性促进作用。并区分地形条件特征和农户兼业情况的异质性分析说明，不同地形条件、不同兼业情况农户的农机社会化服务对土地经营规模的影响存在差异性，纯农业户群体采纳农机社会化服务对提高土地经营规模的作用更为明显，而且农机社会化服务在平地才会显著扩大农户的土地经营规模。

第七章 农机社会化服务对农户劳动力转移的影响

基于专业化分工理论，利用2019年农户调查数据，采用工具变量法和系统广义矩估计（GMM）避免农机社会化服务和农户劳动力转移之间互为因果的内生性问题，分析农机社会化服务对农户劳动力转移的影响及其环节异质性，探讨影响效应在不同地形条件、兼业程度的组群差异。并应用内生转换模型（ESR），构建反事实框架，以进一步分析农机社会化服务对农户劳动力转移的影响效应。

第一节 问题的提出

在城镇化进程加快的背景下，中国农业转型面临的形势格外严峻，农业就业份额和增值份额的下降速度不一致，农业回报率较低，农业劳动生产率低于其他国家（刘守英，2020）；并且中国农业产业结构过于单一，农业生产缺乏不同行业融合，农产品成本继续上升；其根本原因在于生产要素的重组与升级受限。张培刚首先提出农业工业化，其路径核心是生产要素的动态组合和不断地升级。城镇化和工业化不断推进，诱使农村劳动力逐渐"择优转移"（周宏等，2014），使得中国玉米生产农户中农业劳动力比例下降，在考虑劳动与资本要素合理配置后，促进了农户对农机社会化服务的采纳行为。

加快农村劳动力转移是我国提高农业劳动生产率的重要途径，有利于农村经济发展、农民收入增长和促进产业结构的升级与调整。中国农村劳动力转移由 1978 年的 1912 万人增至 2018 年的 28836 万人（陈咏媛，2019），增长 15.08 倍。与此同时，包括农业机械化作业在内的各类社会化服务组织迅速发展，弥补了劳动力短缺的不足，农业机械化水平不断提高（彭超等，2019）。小规模农户仍是中国长期内农业生产经营主体，其受自身禀赋约束，缺乏投资农机的激励。从 2004 年开始，国家连续出台多个"一号文件"提出要"健全农业社会化服务体系"，积极发展农机社会化服务，为小规模农户利用农业机械提供了便利条件。2019 年中国农业社会化服务面积达 1333 万 hm^2，未来市场规模可以达到上万亿元甚至数万亿元。农机社会化服务最直接的效果是降低了农户的劳动强度，提高了劳动生产率，产生了对农业劳动力直接的替代作用，将对小规模农户劳动力转移产生一定的影响。那么，农机社会化服务是否会通过提高小规模农户的机械化水平进而促进小规模农户劳动力的转移？这是值得探讨的问题，具有十分重要的现实意义。

农机社会化服务所发挥的作用一直是学术界关注的焦点，其中之一是对农户劳动力转移的促进作用。一方面，农机社会化服务是在深化专业分工、加强技术创新以及农业劳动力日益短缺的情况下产生出来的（陈昭玖和胡雯，2016），农户由于自身时间、技术、机械存在约束，因此通过农机社会化服务将粮食生产的环节外包给社会化服务组织，替代了自有劳动力，促进农户劳动力转移的持续深化；另一方面，农户采用农机社会化服务后，有利于资源（劳动力、土地、资本）重新配置，能够减少对劳动力的约束。

本研究利用工具变量法和系统广义矩估计（GMM）克服农机社会化服务和农户劳动力转移之间互为因果的内生性问题，验证农机社会化服务对农户劳动力转移的促进作用，更重要的是为农机社会化服务与农户劳动力转移相关政策制定提供实证支撑。

第二节　模型和变量设定

一、模型设定

(一) IV – Tobit 模型

研究农机社会化服务对农村劳动力转移的影响,以农机社会化服务为核心解释变量。考虑到指标获得的可行性,课题组以农户外出务工人数占家庭总人数的比重作为农村劳动力转移的替代指标。农村劳动力转移是一个介于 0 到 1 的受限变量,且为右侧截尾分布,因此采用受限因变量的 IV – Tobit 模型检验农机社会化服务对农村劳动力转移的影响。具体估计模型如下:

$$Migrantratio_i = \alpha + \beta_1 service_i + \beta_2 \ln(age_i) + \beta_3 edu_i + \beta_4 health_i + \beta_5 train_i + \beta_6 staff_i + \beta_7 \ln(asset_i) + \beta_8 \ln(area_i) + \beta_9 quality_i + \beta_{10} \ln(block_i) + \varepsilon_i \tag{1}$$

下标 i 表示第 i 个农户,$Migrantratio$ 为农村劳动力转移,$service$ 为是否采用农机社会化服务。为保证估计结果的准确性和可靠性,也考虑到数据的可获得性,本研究以人均玉米播种面积(area)、土地质量(quality)、土地细碎化程度(block)、户主年龄(岁)(age)、户主受教育程度(edu)、户主健康状况(health)、家庭农业培训情况(train)、家庭干部情况(staff)和亩均农业机械资产(asset)为控制变量。α 是常数项,β 是待估参数,其中 β_2 为本研究感兴趣的参数,ε 为随机干扰项。为了解决模型的异方差问题,采取缩小变量尺度的方法,对户主年龄、亩均农业机械资产、土地细碎化程度和人均玉米播种面积取自然对数。此外,为了控制不同调查地区的一些无法被观测和度量的因素,如农作物生产特性的差异、自然环境、不同的农业产业政策等,本研究也在模型中控制了地区的差异。

农机社会化服务与农村劳动力转移可能存在互为因果的内生性关系,农机社会化服务发展促进了农村劳动力转移,反过来农村劳动力的转移也促进了农机社会化服务的发展;此外,农户劳动力转移决策可能受到可观测因素(如户主年龄、受教育程度、播种面积等)和不可观测因素(如农户先天能力、动机、风险偏好等)的影响(Ma et al.,2018;Zhang et al.,2019),因此遗漏变量会引起偏误。

为了尽可能地减少内生性问题对模型产生的影响,本研究采用工具变量法来进行估计。参考胡新艳等(2020)对内生性问题的探讨,选择村庄农机社会化服务平均采纳水平作为工具变量,即除该农户外本村内其他采纳农机社会化服务农户数量占比。农户种植玉米所采纳的耕整地、播种、植保、灌溉排水和收获环节农机社会化服务面积之和占玉米播种面积的比重可以用于表示农户农机社会化服务采纳水平,采纳农机社会化服务面积占播种面积比重越大,农户农机社会化服务采纳水平越高。"羊群效应"(黄枫和孙世龙,2015)使得除该农户外本村其他农户的农机社会化服务采纳行为会直接影响到该农户的服务采纳,因此村庄农机社会化服务平均采纳水平与该农户的农机社会化服务采纳存在一定程度的关联性,同时,村庄农机社会化服务平均采纳水平对该农户劳动力的转移尚不产生直接影响,因而满足外生性要求。所以,该工具变量的选择是合理且有效的。

$$service_i = \theta_0 + \delta_i V_i + \sum \omega_i Z_i + \mu_i \tag{2}$$

上式中,V_i为本研究的工具变量,Z_i为控制变量,$service_i$为内生变量,μ_i是随机误差项,工具变量的选取为村庄农机社会化服务平均采纳水平,从地区层面的聚集数据中获取工具变量来处理内生性问题的方法已被广为认可,很多文献对其有效性进行了验证(彭继权等,2020)。

(二)GMM 模型

广义矩估计(GMM 模型)是一种宽松假设条件下的半参数估计方法,它基于模型实际参数满足一定矩条件而形成。Hansen 发明了此方法并获得了 2013 年诺贝尔经济学奖。当尚未明确随机误差项的具体分布情况时，对随机误差项存在序列相关与异方差给予允许，相比其他方法其所估计的参数准确且有效。

对于线性或者非线性回归模型中的 IV 估计量，方程如下：

$$E[\bar{m}_n(\beta)] = E\{\frac{1}{n}\sum_{i=1}^{n}z_i[y_i - h(x_i,\beta)]\} = 0 \quad (3)$$

其中，zi 中有 L 个工具变量，β 中有 K 个参数。

（三）内生转换模型

通常应用 PSM 法来处理存在选择性偏差的情形，PSM 方法却存在仅控制可观测变量异质性的缺陷，此时应用内生转换模型。不同于只聚焦可观测方程的 Heckman 两步法，Maddala（1983）提出的内生转换模型（ESR）可以把不可观测变量作为缺失值处理，首先对决策选择方程进行估计，接着对结果决定方程进行估计。

具体步骤如下所示：

行为方程（是否采纳农机社会化服务）：

$$A_i = \delta' Z_i + k' I_i + \mu_i \quad (4)$$

结果方程 1（处理组，即农机社会化服务采纳户组的劳动力转移方程）：

$$Y_{ia} = \beta'_a X_{ia} + \varepsilon_{ia} \quad (5)$$

结果方程 2（控制组，即农机社会化服务未采纳户组的劳动力转移方程）：

$$Y_{in} = \beta'_n X_{in} + \varepsilon_{in} \quad (6)$$

A_i 表示农户是否采纳农机社会化服务的二元选择变量；Z_i 是农户是否采纳农机社会化服务的影响因素；μ_i 是误差项；I_i 则是工具变量。按照前述章节选择村庄农机社会化服务平均采纳水平作为工具变量，即除该农户外本村其他农户的农机社会化服务平均采纳率；将其纳入农户农机社会化服务决策模型。Y_{ia} 和 Y_{in} 分别表示农机社会化服务采纳户与农机社会化服务未采纳户两个样本组的劳动力转移；X_{ia} 和 X_{in} 是农户劳动力转移的影响因素；ε_{ia} 和 ε_{in} 是对应的误差项。

农机社会化服务采纳户的劳动力转移期望值（处理组）：

$$E[Y_{ia}|A_i=1] = \beta'_a X_{ia} + \sigma_{\mu a}\lambda_{ia} \quad (7)$$

农机社会化服务未采纳户的劳动力转移期望值（控制组）：

$$E[Y_{in}|A_i=0] = \beta'_n X_{in} + \sigma_{\mu n}\lambda_{in} \quad (8)$$

农机社会化服务采纳户未采纳服务情形下的劳动力转移期望值：

$$E[Y_{in}|A_i=1] = \beta'_n X_{ia} + \sigma_{\mu n}\lambda_{ia} \quad (9)$$

农机社会化服务未采纳户采纳服务情形下的劳动力转移期望值：

$$E[Y_{ia}|A_i=0] = \beta'_a X_{in} + \sigma_{\mu a}\lambda_{in} \quad (10)$$

那么，实际采纳农机社会化服务的农户劳动力转移的平均处理效应，即处理组的平均处理效应（ATT）可以表述为方程（7-7）与方程（7-9）之差：

$$ATT_i = E[Y_{ia}|A_i=1] - E[Y_{in}|A_i=1] = (\beta'_a - \beta'_n)X_{ia} + (\sigma_{\mu a} - \sigma_{\mu n})\lambda_{ia} \quad (11)$$

相应地，未采纳农机社会化服务的农户劳动力转移的平均处理效应，即控制组的平均处理效应（ATU），可以表述为方程（7-8）与方程（7-10）之差：

$$ATU_i = E[Y_{in}|A_i=0] - E[Y_{ia}|A_i=0] = (\beta'_n - \beta'_a)X_{in} + (\sigma_{\mu n} - \sigma_{\mu a})\lambda_{in} \quad (12)$$

综上所述，本文将利用 ATT_i、ATU_i 的平均值考察农机社会化服务对农户劳动力转移的平均处理效应。

二、变量设定

1. 被解释变量

农户劳动力转移比例作为被解释变量，依据 Mullan et al.（2008）的界定方法，农户劳动力转移比例 = 家庭在外务工人数/（家庭农业劳动力人数 + 家庭在外务工人数）。

2. 核心解释变量

农机社会化服务作为核心解释变量，前人研究大多使用"是否采纳农机社会化服务"或"某个生产环节是否采纳农机社会化服务"来定义农机社会化服务变量（王玉斌和李乾，2019；罗明忠等，2019）。本研究首先依据农户是否采纳农机社会化服务来定义变量，进行基准回归。然后，为进一步提高对农机社会化服务变量的度量精度，参考胡新艳等（2020）对农机社会化服务指标的构建，利用调查问卷中的农户玉米种植的 5 个环节采纳农机社会化服务面积（亩）、玉米播种面积的数据信息，构建度量如下：

$$service = \frac{\sum_{i=1}^{n} w_i}{m}, n = 5$$

其中，$service$ 为农户农机社会化服务采纳程度，w_i（$i = 1, 2, 3 \cdots 5$）分别表示耕整地、播种、植保、灌溉排水和收获环节的农机社会化服务面积，m 表示玉米播种面积。即把农机社会化服务采纳程度定义为玉米生产各环节采纳农机社会化服务面积占播种面积之比，采用替换指标的方式来进行稳健性检验。

此外，本章控制变量基于农户家庭、土地和区域三个层面。在农户家庭层面，选取户主年龄、健康状况来控制家庭生命周期效应作用于农户劳动力转移行为；选取户主受教育程度、家庭农业培训情况和家庭干部情况来控制家庭资源禀赋的不同；选取家庭亩均农业机械资产来控制农户家庭农机存量及放弃农业生产可能产生的机会成本。在土地情况层面，选取人均玉米播种面积、土地质量和土地细碎化程度引入模型，用以控制农户土地禀赋的差异。

在区域层面，本章将我国分成东部（山东省、江苏省和河北省）、西部（四川省、甘肃省和内蒙古自治区）、中部（安徽省、湖南省、湖北省和河南省）和东北（辽宁省、吉林省和黑龙江省）四大地理区域，用以控制没有被观察到的固定效应，控制不同地区在地理位置、水文条件、气候因素以及农业生产习惯等不可观测因素上的差异，消除地区因素对农户劳动力转移的影响。

户主年龄。农户家庭的老龄化程度代表了粮食生产主体的弱质性，户主年龄越大，劳动力转移的机会成本也就越高。那么从事粮食生产的人力资产专用性越强，其固定锁定效应越强（陈昭玖和胡雯，2016）。

户主受教育程度。有研究发现，户主受教育程度与家庭劳动力流动的可能性成正比（李实，2002；盛来运，2007）。户主受教育程度越高，越倾向于将农户劳动力转移到非农产业。受教育程度高有利于降低找工作的信息成本，同时也可提高非农就业的可能性（Schwartz，1970）。受教育程度较高的户主，对外界信息接受能力较强，具有一定的创新精神和追求美好生活的愿景，习惯追求更高的劳动收益率，并且会倾向于从劳动收益率较低的农业转移到劳动收益率较高的非农产业。

户主健康状况作为人力资本的重要构成因素，与农户劳动力转移存在正相关关系（Becker，1964；Grossman，1972）。劳动力健康状况较好则其劳动生产率较高，因为农业属于"弱质"产业，年轻劳动力一般不愿意从事农业生产，更倾向于流向非农产业。户主的健康状况可能会明显改变其他家庭成员的劳动分工，当户主健康状况较差时，除了户主自身进行劳动力转移的可能性减少，还会因为户主健康状况较差需要照顾和治疗，导致农户家庭其他成员劳动时间的减少以及就业决策的改变。

亩均农业机械资产。农户自购农业机械资产属于长期资本投入，对农户资金水平具有一定要求。并且农机资产具有较强的物质资产专用性，在发挥其专有农技作用上较容易被"套牢"，理性的农户会因为所拥有的农业机械降低了玉米种植的劳动强度和辛苦程度（刘同山，2016），使得玉米种植更加容易，而更愿意继续从事玉米种植。拥有农机的农户会对其劳动力转移带来沉没成本，非农转移面临的机会成本更高。

农户间土地禀赋存在一定差异，且这种差异会影响对农户劳动力资源的配置行为。土地禀赋可通过数量和质量两方面来表征，选择人均玉米播种面积衡量土地数量，选择土地质量和细碎化程度反映土地资源的质量。土地禀赋特征的差别，可能会引起农户比较优势的不同，从而影响农户的劳动力转移。

人均玉米播种面积。播种面积直接决定了农户对农业生产的依赖程度，对以玉米种植为主业的农户来说，人均播种面积越大，所占用的劳动力越多，农户家庭进行劳动力转移的可能性就越小；反之，人均播种面积越小，家庭劳动力富余程度越高，则农户家庭进行劳动力转移的可能性就越大。以中国东北地区为例，其地区人均耕地面积普遍较大，劳动力转移比例较其他地区相对较低；反之，多数南方省份土地资源禀赋短缺，人均耕地面积较少，使得劳动力转移比例较高。此外，无地的农户则只能从农村向城镇转移或流动。近年来，由于城镇化进程加快，国家和地方征用占用了一些农户耕地，也促使了这些农户进行劳动力转移。

土地质量。土地质量可以衡量农户家庭的自然资本，由于土地对农村劳动力具有天然的吸纳性（邱元等，2015），土地质量较高的农户会倾向于配置更多的劳动力来从事农业生产，从而减少了农村劳动力转移到非农产业的情况。

土地的细碎化程度用耕地的地块数量表示，耕地地块数量越多，其土地细碎化程度越高，粮食生产中对土地投入的要素与资源越难以达到最优组合（展进涛等，2016），这使得农业生产的利用途径和选择空间受到一定程度的制约。

家庭农业生产经营培训情况。农户受到农业生产经营培训，有利于这些农户形成农业生产的"专业性资本"优势，从而使得其坚持农业生产经营模式，对其劳动力的转移产生了一定的挤出效应（柴剑峰和龙磊，2019）。

家庭干部情况。户主为村干部及以上的农户家庭，其所拥有的社会结构资源更充足，获取信息的渠道更多；农户能够通过社会网络获得行动便利（钱龙和钱文荣，2017）。在农村劳动力转移出来搜寻非农就业工作的过程中，农户家庭的社会资本可能发挥重要作用，帮助农户劳动力减少非农工作的搜寻成本，促进农户劳动力的转移。社会资本即个人运用所属的成员身份在社会网络或社会结构中获取稀缺资源的能力（Portes，1976）。Zhang 和 Guo（2003）的研究也证实，社会资本对于个体获得就业机会具有相当重要的作用。同时，干部对新政策和新技术的接受能力较强，也可能会促使其农户家庭成员成为新型职业农民,从事集约化规模化的农业生产,放弃进行劳动力转移。

表7-1为变量定义和描述性统计。

表7-1 变量定义及描述性统计

类型	变量名称	变量定义	均值	标准差
被解释变量	农户劳动力转移	家庭在外务工人数占家庭劳动力人数的比重	0.218	0.209
核心解释变量	农机社会化服务	玉米生产5个环节中任一环节采用=1,未采用=0	0.569	0.495
	农机社会化服务采纳程度	玉米生产各环节采纳农机社会化服务面积占播种面积之比	1.151	1.629
	耕整地环节农机社会化服务	采用=1,未采用=0	0.324	0.468
	播种环节农机社会化服务	采用=1,未采用=0	0.309	0.462
	植保环节农机社会化服务	采用=1,未采用=0	0.094	0.292
	灌溉排水环节农机社会化服务	采用=1,未采用=0	0.135	0.342
	收获环节农机社会化服务	采用=1,未采用=0	0.421	0.494
土地情况	人均玉米播种面积	玉米播种面积/(家庭农业劳动力人数+家庭在外务工人数)	3.507	5.216
	土地质量	土地贫瘠=1,土地质量中等偏下=2,土地质量中等=3,土地质量中等偏上=4,土地非常肥沃=5	2.963	0.853
	土地细碎化程度	耕地的地块数量(块)	4.702	4.648

续表

类型	变量名称	变量定义	均值	标准差
农户家庭情况	户主年龄	户主实际年龄（岁）	51.838	10.272
	户主受教育程度	文盲=1，小学=2，初中=3，高中=4，大专=5，大专以上=6	2.776	0.929
	户主健康状况	好=1，一般=2，差=3，无劳动能力=4	1.416	0.628
	家庭农业培训情况	没有受过农业生产经营培训=0，受过农业生产经营培训=1	0.180	0.384
	家庭干部情况	没有=0，村干部=1，乡镇干部=2，县级或以上干部=3	0.149	0.414
	亩均农业机械资产	农户家庭亩均农业机械资产现值	285.226	649.815
工具变量	村庄农机社会化服务平均采纳水平	除该农户外本村其他农户的农机社会化服务平均采纳率	1.068	1.507
地区虚拟变量	东部地区	是否位于东部地区？是=1；否=0	0.395	0.489
	中部地区	是否位于中部地区？是=1；否=0	0.223	0.417
	西部地区	是否位于西部地区？是=1；否=0	0.222	0.415
	东北地区	是否位于东北地区？是=1；否=0	0.160	0.366

注：由于截面数据容易出现异方差性问题，为保证模型的有效性，对人均玉米播种面积、户主年龄、亩均农业机械资产以及土地细碎化程度取自然对数处理，以解决可能出现的异方差问题。

第三节 实证分析

一、总体估计

农机社会化服务与农村劳动力转移具有互为因果的内生性关系。一般来说，由于农户可以依靠农机社会化服务来替代人工，农村劳动力可以转

第七章　农机社会化服务对农户劳动力转移的影响

移到城镇从事非农就业。反之，农村劳动力转移也能为农机社会化服务提供条件。并且研究不可能捕捉到农户家庭的生产经营决策者和其他成员的劳动就业、收入及风险偏好等所有个人特征变量，而上述被遗漏变量可能影响农户选择农机社会化服务的决策，进而导致农户农机社会化服务选择与扰动项相关；因此，需要在计量模型中分离出农机社会化服务对农村劳动力转移的单向作用。

考虑到农机社会化服务与农户劳动力转移之间可能存在互为因果关系以及遗漏变量问题，从而产生内生性问题；因此，采用 IV – Tobit 模型和 GMM 模型来分析农机社会化服务对农户劳动力转移的影响效应。受篇幅限制，未列出第一阶段估计结果。表 7 – 2 中（1）、（3）列为基于 IV – Tobit 模型和 GMM 模型分析农机社会化服务对农户劳动力转移的回归结果。应用工具变量法的前提条件是存在内生解释变量，为此须进行豪斯曼（Hausman）检验，其原假设为所有解释变量均为外生。该模型的 Hausman 检验值为 10.94，并且在 5% 的显著性水平下拒绝了不存在内生变量的原假设，说明该工具变量的引入是必需的。Wald 检验值为 176.03，显示在 1% 的显著性水平上拒绝了不存在内生性的假设，再次证明变量存在内生性问题。判断弱工具变量检验的方法：在工具变量法中第一阶段回归中，工具变量对农机社会化服务在 1% 的显著性水平上存在正向影响，而且联合显著性检验的 F 值 = 266.4***，参照 Stock 和 Yogo（2005）提出的经验法则，如果此检验的 F 统计量大于 10，则可以拒绝存在弱工具变量的原假设，印证了不存在弱工具变量问题。

表 7 – 2　农机社会化服务对农户劳动力转移的影响

变量	IV – Tobit 模型	GMM 模型
农机社会化服务	0.103*** (0.029)	0.116*** (0.033)
农机社会化服务采纳程度	0.068*** (0.016)	0.070*** (0.015)

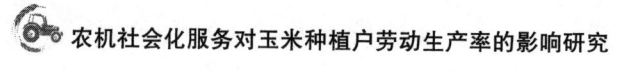

续表

变量	IV – Tobit 模型		GMM 模型	
户主年龄（对数）	-0.152*** (0.051)	-0.094*** (0.030)	-0.099*** (0.032)	-0.095*** (0.034)
户主受教育程度	-0.017 (0.012)	0.006 (0.011)	-0.011 (0.008)	0.005 (0.007)
户主健康状况	-0.017 (0.017)	-0.010 (0.015)	-0.008 (0.009)	-0.008 (0.011)
家庭农业培训情况	-0.009 (0.025)	-0.018 (0.023)	-0.001 (0.001)	-0.016 (0.015)
家庭干部情况	0.022 (0.024)	0.011 (0.021)	0.014 (0.015)	0.008 (0.017)
土地质量	0.004 (0.011)	0.014 (0.010)	0.001 (0.006)	0.007 (0.007)
人均玉米播种面积（对数）	-0.112*** (0.015)	-0.095*** (0.031)	-0.055*** (0.009)	-0.042*** (0.008)
土地细碎化程度（对数）	0.002** (0.001)	0.002** (0.001)	0.002** (0.001)	0.001** (0.000)
亩均农业机械资产（对数）	-0.004** (0.002)	-0.006** (0.003)	0.001 (0.002)	-0.006*** (0.002)
地区虚拟变量	已控制	已控制	已控制	已控制
常数项	0.787*** (0.226)	0.434*** (0.106)	0.614*** (0.135)	0.429*** (0.139)
样本量	1048	1048	1048	1048
R^2			0.252	0.170
Wald 检验	176.03***	204.83***	270.87***	236.85***

注：*、**、***分别表示变量系数估计值在10%、5%、1%的统计水平上显著；括号内的数值为标准误。下同。

第七章　农机社会化服务对农户劳动力转移的影响

工具变量回归的第二阶段结果说明：在排除变量之间所存在的内生性问题后，农机社会化服务对农户劳动力转移存在正向作用效果，通过1%统计水平的显著性检验，验证了本章的研究假说，说明农机社会化服务对农户劳动力转移具有促进作用，进一步阐释出农机社会化服务是推动农户劳动力转移的显著性因素。农机社会化服务有利于把农户纳入农业生产分工体系，促进农户玉米生产的现代化，引导农户进入现代农业的发展轨道，从而增强农户进行劳动力转移的意愿。

从控制变量方面来分析，户主年龄对农户劳动力转移具有显著负向影响，可能由于年龄较大的农户存在一定的劳动力约束，其身体状况不适合从事繁重的劳动。而中国农村劳动力从事的非农就业主要以体力劳动为主，年龄较大的农户转移到城镇进行非农就业的倾向性较弱。Conway等（2005）的研究也表明，年轻农户更易于获得非农就业机会。而且户主年龄也表征其玉米种植经验，年龄越大的农户玉米种植经验越丰富，对玉米生产具有传统依赖，对获取非农就业收入具有预期的不确定性，因此不愿意进行劳动力转移。

人均玉米播种面积对农户劳动力转移具有显著负向影响，玉米生产存在一定的季节性，每个生产环节需要在适宜的时间进行作业（展进涛等，2016）。当农户人均玉米播种面积较大时，在有限适宜的作业时间内既需要农业机械作业，也需要农户家庭劳动力配合进行人工作业监督，因此抑制了农户劳动力的转移。人均玉米播种面积也能反映农户家庭的人地关系，农户人均玉米播种面积较小时，其劳动力会由农业生产转移至非农业产业，这印证了孙顶强和冯紫曦（2015）的研究。

土地细碎化程度对农户劳动力转移具有显著正向影响，土地细碎化增加了劳动者在各个不相邻地块之间的交通时间，若想保证一定的产出水平，则这些额外消耗需要更多的农业劳动投入（纪月清等，2016）。同时，土地细碎化也不利于农机作业替代劳动力，会增加农业劳动供给，抑制农户劳动力的转移。

亩均农业机械资产对农户劳动力转移具有显著负向影响，农户所拥有的亩均农业机械资产则意味着其具有一定的农业经营沉没成本和投资锁定，农户劳动力的转移成本较高，阻碍了农户劳动力的转移。农户所拥有的亩均农业机械资产的多寡也会影响农户对农机社会化服务的采纳强度。拥有亩均农业机械资产越少的农户，自我服务粮食生产的能力越弱，越倾向于采纳农机社会化服务，进而促进了农户劳动力的转移。

采用替换指标进行稳健性检验，见表7-2中（2）、（4）列。基准回归中农机社会化服务变量是农户玉米生产五个环节中任一环节是否采用农机社会化服务。为了进一步提高农机社会化服务变量的衡量精度，采用农户玉米生产中购买农机社会化服务规模占玉米播种面积之比来表征农机社会化服务变量。结果说明，无论是应用不同测度指标（农户是否采纳服务或采纳服务占比），还是应用不同估计方法（IV-Tobit模型或GMM模型），均没有显著改变模型的结果。农机社会化服务对农户劳动力转移仍具有正向影响效应，且通过1%统计水平的显著性检验，证明了表7-2中（1）、（3）列估计结果的稳健性。

二、不同环节农机社会化服务对农户劳动力转移的影响

事实上，不同环节农机社会化服务的专业化程度不同，其对劳动力及其他要素的配置方式不同，对农户劳动力转移的作用效果也是不同的。采用IV-Tobit模型和GMM模型进行估计，核心解释变量为是否采纳耕整地、播种、植保、灌溉排水、收获环节农机社会化服务，分别以除该农户外本村其他农户的耕整地、播种、植保、灌溉排水、收获环节农机社会化服务平均采纳水平作为耕、种、植、灌、收环节农机社会化服务变量的工具变量。在第一阶段估计中，村庄耕整地、播种、植保、灌溉排水和收获环节农机社会化服务平均采纳水平对相应环节农机社会化服务变量的估计系数影响均非常显著。

表7-3中的估计结果表明，耕整地、播种、灌溉排水和收获环节的农机社会化服务对农户劳动力转移均具有显著的正向影响效应，说明农户采

纳耕整地、播种、灌溉排水和收获环节农机社会化服务有利于农户劳动力的转移。其中，耕整地环节农机社会化服务对农户劳动力转移的影响程度最高，其次是播种环节、收获环节，灌溉排水环节农机社会化服务对农户劳动力转移的影响程度最低。耕整地、播种和收获环节的劳动力需求集中度较高、需求强度较大（李亚娟，2021），并且耕整地、播种和收获环节的机械化水平是农业农村部衡量中国总体机械化水平的重要指标，因此这一结果与实际相符合。

表 7-3　不同环节农机社会化服务对农户劳动力转移的影响

	IV-Tobit 模型	GMM 模型
耕整地环节农机社会化服务	0.119*** (0.047)	0.114*** (0.042)
播种环节农机社会化服务	0.101*** (0.038)	0.095*** (0.032)
植保环节农机社会化服务	0.037 (0.029)	0.034 (0.030)
灌溉排水环节农机社会化服务	0.071*** (0.029)	0.062*** (0.024)
收获环节农机社会化服务	0.086*** (0.029)	0.081** (0.040)
户主年龄（对数）	-0.089** (0.043)	-0.073** (0.034)
户主受教育程度	0.009 (0.010)	0.006 (0.007)
户主健康状况	0.013 (0.014)	0.013 (0.012)
家庭农业培训情况	0.001 (0.001)	0.001 (0.001)

续表

	IV – Tobit 模型	GMM 模型
家庭干部情况	0.005 (0.019)	0.004 (0.015)
土地质量	0.017* (0.009)	0.009 (0.007)
人均玉米播种面积（对数）	-0.066*** (0.012)	-0.047*** (0.009)
土地细碎化程度（对数）	0.005** (0.002)	0.003 (0.002)
亩均农业机械资产（对数）	0.003 (0.003)	0.003 (0.002)
地区虚拟变量	已控制	已控制
常数项	0.677*** (0.182)	0.625*** (0.141)
样本量	1048	1048
R^2		0.193
Wald 检验	237.86***	269.65***

然而，植保环节农机社会化服务对农户劳动力转移并不具有显著的影响效应。由于植保环节农机施药技术尚有待发展，农机与农艺结合程度不够，植保机械喷雾过程中农药漂移流失现象严重，沉积到玉米作物上的农药只有30%（张文君，2014），很多地方需要人工重复喷洒农药，使得农户难以从繁重的玉米植保作业中完全解放出来。

三、稳健性分析

农户是否采纳农机社会化服务的决策并不是随机给定的，其会受到多种因素的影响，同时这些因素也可能影响农户劳动力转移决策，进而产生样本选择性偏差（邹伟等，2020）；并且农机社会化服务与农户劳动力转

第七章　农机社会化服务对农户劳动力转移的影响

移之间存在互为因果的内生性问题，因而，本部分为了同时克服样本选择性偏误和内生性问题，采用 Maddala（1983）所构造的内生转换模型（ESR）来进行农机社会化服务影响农户劳动力转移的稳健性分析。选择该模型有以下几个原因：一是解决农户采纳农机社会化服务决策的自选问题；二是可以有效识别采纳组农户和未采纳组农户的劳动力转移的影响因素，并进行差别化分析；三是利用反事实分析法进行农机社会化服务对农户劳动力转移效应的评估。

对于农机社会化服务变量，为满足内生转换模型的匹配机制，估计方程因变量必须是二值虚拟变量，并且现有文献也大多采用二值虚拟变量来衡量农户采纳农机社会化服务行为（陈超和唐若迪，2020；姜松等，2016）。本部分将农机社会化服务变量设置为农户是否采纳农机社会化服务，即农户在玉米生产5个环节中任一环节采用农机社会化服务，则农机社会化服务变量为1，否则为0。农户农机社会化服务采纳决策模型和农户劳动力转移效应模型的估计结果如表7-4所示，方程间独立性检验（LR test）在5%的统计水平上拒绝了决策模型与农户劳动力转移效应模型之间互相独立的原假设。模型的 Wald 检验在1%的统计水平上显著，说明其拟合状况良好，存在由不可观测变量导致的样本选择性偏误问题，应用内生转换模型是合理可靠的。ρ_{u0}、ρ_{u1} 是决策模型与采纳农机社会化服务农户、未采纳农机社会化服务农户的劳动力转移效应模型误差项的相关系数，其中，ρ_{u0} 的估计为负值且在1%的统计水平上显著，说明未采纳农机社会化服务农户劳动力转移低于样本中一般农户的劳动力转移水平，该结果与现实情况相符合，原因是农机社会化服务最根本的作用是其对农业劳动力的替代，由于长期以来农业部门的比较收益低于非农业部门，农户作为理性经济人是"趋利的"，会倾向于采纳农机社会化服务替代人工劳动以便劳动力转移到非农产业。

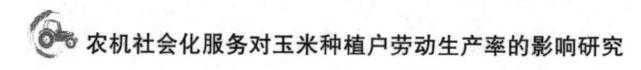

表7-4 内生转换模型估计结果

| 农户 | 决策模型（是否采纳服务） || 农户劳动力转移效应模型 ||||
| | || 采纳农机社会化服务 || 未采纳农机社会化服务 ||
变量	系数	标准误	系数	标准误	系数	标准误
户主年龄（对数）	0.236	0.345	0.094*	0.050	-0.205***	0.047
户主受教育程度	0.116**	0.052	0.032***	0.012	-0.023**	0.010
户主健康状况	0.016	0.071	0.003	0.014	0.005	0.016
家庭农业培训情况	0.073**	0.035	-0.010	0.024	0.006	0.024
家庭干部情况	-0.083	0.163	-0.010	0.021	0.052**	0.023
土地质量	0.039***	0.010	0.027***	0.010	-0.017	0.011
人均玉米播种面积（对数）	0.084***	0.026	-0.038***	0.012	-0.026	0.017
土地细碎化程度（对数）	-0.045***	0.012	-0.006**	0.003	-0.002**	0.001
亩均农业机械资产（对数）	-0.075***	0.015	-0.002	0.003	-0.006**	0.003
村庄农机社会化服务平均采纳水平	0.627***	0.109	—	—	—	—
地区虚拟变量	控制	控制	控制	控制	控制	控制
常数项	-2.622***	0.955	-1.277***	0.208	1.184***	0.205
$\ln \sigma_{u0}$	—	—	—	—	-1.598***	0.034
ρ_{u0}	—	—	—	—	-0.259***	0.098
$\ln \sigma_{u1}$	—	—	-1.962***	0.031	—	—
ρ_{u1}	—	—	-0.016	0.134	—	—
对数似然值	-106.994					
方程间独立性检验（LR test）	6.13**					
Wald 检验	15.66**					

为提高模型识别度,采用"村庄农机社会化服务平均采纳水平"变量作为工具变量引入农户采纳农机社会化服务的决策模型。人力资本相关因素(户主受教育程度、家庭农业培训情况)和农业经营情况相关因素(土地质量、人均玉米播种面积)以及工具变量(村庄农机社会化服务平均采纳水平)对农户采纳农机社会化服务具有显著的正向影响;农业机械资产对农户采纳农机社会化服务具有显著的负向影响。比较采纳农机社会化服务组农户和未采纳农机社会化服务组农户劳动力转移效应模型的估计结果可得,户主年龄对未采纳农机社会化服务组农户的劳动力转移具有显著负向影响,可能因为年龄较大农户存在体力约束,且没有采纳农机社会化服务,这就限制了其劳动力的转移。而户主年龄对采纳组农户的劳动力转移具有显著正向影响。农户的土地细碎化程度与其采纳农机社会化服务表现出显著的负向关系。土地细碎化程度对采纳服务组的影响较大,由于农机社会化服务以机械规模化为主,耕地地块的分散不利于机械设备与农田基础设施的配套运用。土地细碎化程度加深,会刺激农户重新配置不同分散地块间的农业生产要素投入,例如减少现代服务投入、增加人工资本投入,抑制农户劳动力的转移。相对于未采纳农机社会化服务的农户,户主受教育程度越高、土地质量越好、玉米播种面积越小对采纳农机社会化服务农户的劳动力转移越具有促进作用。此外,户主受教育程度越低、家庭中有干部以及农业机械资产较少对未采纳农机社会化服务农户的劳动力转移越具有促进作用。

基于以上农机社会化服务的内生转换模型实证估计结果,测算反事实条件下假定未采纳、假定采纳,以及实际条件下采纳和未采纳共四种情况的农户劳动力转移期望,通过排除其他因素的作用,得出平均处理效应(见表7-5)。

表7-5 农机社会化服务对农户劳动力转移影响的平均处理效应

农户类别	决策阶段		处理效应	
	采纳服务	未采纳服务	ATT	ATU
农机社会化服务采纳户	0.330	0.235	0.095***	—
农机社会化服务未采纳户	0.375	0.188	—	0.186***

注:ATT、ATU分别表示农机社会化服务采纳户、农机社会化服务未采纳户对应的平均处理效应。

总体来看，农户采纳农机社会化服务对其劳动力转移的平均处理效应在1%的统计水平上具有显著正向影响。基于反事实假设条件下，当采纳农机社会化服务农户未实施相应的农机社会化服务采纳行为时，其农户劳动力转移水平将下降0.095；当未采纳农机社会化服务的农户使用农机社会化服务时，其农户劳动力转移水平将上升0.186。以上说明农户采纳农机社会化服务能够显著促进其劳动力转移。

四、异质性影响分析

上述分析了农机社会化服务对农户劳动力转移的影响，但是回归结果只代表影响的总体平均效应，无法反映其作用可能存在的异质性效应。一方面，农户分化逐渐成为中国农村的普遍现象（谢先雄等，2021），分化让农户的农业经营行为出现差异，由同质性的农业经营户转变为纯农业户与兼业农户。针对不同兼业情况的农户，其家庭劳动力的数量与从事农业劳动时间均不相同，而农机社会化服务本质上属于雇工劳动，不充足的劳动监督易导致农机作业低效率，进而造成采纳农机社会化服务对农户劳动力转移的不同影响。参考国际上对农户类型的划分，将所调研农户划分为纯农业户和兼业农户，并进行分组回归，实证结果如表7-6所示。

表7-6 不同兼业情况下农机社会化服务对农户劳动力转移的影响

	纯农业户		兼业农户	
	IV–Tobit 模型	GMM 模型	IV–Tobit 模型	GMM 模型
农机社会化服务	0.211*** (0.070)	0.187*** (0.062)	0.067*** (0.014)	0.059*** (0.016)
户主年龄（对数）	-0.173*** (0.028)	-0.124** (0.056)	-0.159*** (0.047)	-0.121*** (0.036)
户主受教育程度	0.006 (0.038)	0.006 (0.012)	-0.024** (0.011)	-0.018** (0.008)
户主健康状况	-0.128** (0.057)	-0.103*** (0.037)	0.001 (0.015)	0.001 (0.013)

续表

	纯农业户		兼业农户	
	IV-Tobit 模型	GMM 模型	IV-Tobit 模型	GMM 模型
家庭农业培训情况	0.081 (0.083)	0.072 (0.069)	0.013 (0.024)	0.017 (0.025)
家庭干部情况	0.019 (0.071)	0.007 (0.028)	0.030 (0.024)	0.023 (0.017)
土地质量	0.090** (0.041)	0.020 (0.013)	0.021 (0.017)	0.018 (0.015)
人均玉米播种面积（对数）	-0.203*** (0.048)	-0.196*** (0.062)	-0.073*** (0.022)	-0.068*** (0.019)
土地细碎化程度（对数）	0.011** (0.005)	0.002 (0.002)	0.001 (0.001)	0.001 (0.001)
亩均农业机械资产（对数）	0.003 (0.011)	0.001 (0.003)	0.003 (0.003)	0.003 (0.002)
地区虚拟变量	已控制	已控制	已控制	已控制
常数项	2.933*** (0.941)	1.498*** (0.521)	0.876*** (0.206)	0.724*** (0.153)
样本量	304	304	744	744
R^2		0.397		0.137
Wald 检验	54.89***	66.98***	51.76***	86.59***

由上表（1）列可知，基于 IV-Tobit 模型，农机社会化服务平均使纯农业户的劳动力转移显著提高了 0.211。而替换估计方法后，发现农机社会化服务仍对纯农业户劳动力转移呈现显著的正向影响，估计结果也基本一致，进一步证实了农机社会化服务对纯农业户的劳动力转移存在促进作用。由上表（3）列可得，基于 IV-Tobit 模型，农机社会化服务平均使兼业农户的劳动力转移显著提高了 0.067。采用 GMM 模型进行稳健性检验，所得出的估计系数也基本一致。

可见从农户兼业情况来分析，农机社会化服务对农户劳动力转移影响的各项系数，纯农业户组均大于兼业农户组，并且影响系数都通过了显著性检验。由于农机社会化服务本质上仍然属于雇工劳动，农户采纳的农机社会化服务难以避免因为服务者的信息不对称和机会主义动机导致的玉米生产效率损失（Feder，1985；Hayami and Otsuka，1993；Coelli and Battese，1996；孙新华，2013）。

农户所拥有耕地的地形条件亦被认为是影响农户劳动力转移的重要因素，主要由于耕地地形条件会影响到农户耕作的难易程度以及其从事农业经营的意愿。农户群体的家庭土地资源禀赋不同，其对土地依赖程度也有所不同，投入玉米生产的劳动力数量与质量也不相同，从而造成农机社会化服务对不同地形情况农户的劳动力转移存在异质性。依据不同地形条件下农机社会化服务对农户劳动力转移的影响进行分组回归，实证结果如表7-7所示。

表7-7 不同地形条件下农机社会化服务对农户劳动力转移的影响

	平地		坡地山地	
	IV – Tobit 模型	GMM 模型	IV – Tobit 模型	GMM 模型
农机社会化服务	0.199*** (0.053)	0.167*** (0.036)	0.207 (0.135)	0.143 (0.107)
户主年龄（对数）	-0.179*** (0.054)	-0.126*** (0.035)	-0.029 (0.109)	-0.036 (0.063)
户主受教育程度	0.021* (0.012)	-0.013 (0.008)	-0.005 (0.023)	-0.005 (0.015)
户主健康状况	-0.029 (0.019)	-0.016 (0.011)	0.034 (0.029)	0.022 (0.019)
家庭农业培训情况	0.001 (0.002)	-0.001 (0.001)	0.001 (0.003)	-0.001 (0.004)
家庭干部情况	0.028 (0.026)	0.020 (0.016)	-0.095* (0.055)	-0.046* (0.027)

续表

	平地		坡地山地	
	IV – Tobit 模型	GMM 模型	IV – Tobit 模型	GMM 模型
土地质量	0.004 (0.012)	0.002 (0.007)	0.043 (0.029)	0.033 (0.027)
人均玉米播种面积（对数）	-0.091*** (0.017)	-0.044*** (0.010)	-0.195*** (0.031)	-0.093*** (0.015)
土地细碎化程度（对数）	0.006*** (0.002)	0.004** (0.002)	-0.002 (0.005)	0.002 (0.002)
亩均农业机械资产（对数）	0.001 (0.003)	0.001 (0.002)	0.010 (0.007)	0.009 (0.007)
地区虚拟变量	已控制	已控制	已控制	已控制
常数项	0.882*** (0.229)	0.676*** (0.147)	0.436*** (0.153)	0.419*** (0.121)
样本量	879	879	169	169
R^2		0.273		0.289
Wald 检验	104.34***	188.77***	93.22***	327.26***

农机社会化服务平均使平地农户的劳动力转移显著提高了 0.199。平原地区适宜农业机械作业，农机社会化服务的应用使得平地农户劳动力从事玉米生产的劳动时间明显减少，劳动力得以有时间投入非农产业，出现劳动力兼业性转移的情形。农机社会化服务的发展为平地农户劳动力转移提供了充足的动力，也优化了劳动力进行转移的条件。

农机社会化服务对坡地山地农户劳动力转移尚不具有显著的影响效应。农机社会化服务作为替代农业劳动力的要素，在坡地占比较高的地区，其要素替代难度也相对较高。面对地形复杂的坡地山地，宜机化整理效应较高，并且难以推广农机作业，农业机械尤其是大型农机在坡地山地的作业效率受到较大程度的限制（郑旭媛、徐志刚，2016），不利于农机社会化服务的发展。不管针对规模经营农户，还是小规模农户，农机社会化服务在坡地山地所发挥的作用均被弱化，使得其对农户劳动力转移不具有显著影响。总体而言，农机社会化服务主要显著促进平地农户的劳动力转移，对坡地山地农户的劳动力转移无促进作用或促进作用较小，且均未通过显著性检验。

第四节　本章小结

农机社会化服务对玉米种植户劳动力转移影响的研究有助于深化对农户决策行为的理解，推动广大粮农对农机社会化服务的采纳。农机社会化服务有效破解"谁来种地、怎样种地"的困境，是发展现代农业的重要抓手。

研究结果表明，农机社会化服务能够有效促进农户劳动力转移，并且在反事实假设条件下，当采纳农机社会化服务农户未实施相应的农机社会化服务采纳行为时，其农户劳动力转移水平将下降；而未采纳农机社会化服务农户使用农机社会化服务时，其农户劳动力转移水平将上升。但是，农机社会化服务的作用效果具有环节异质性。各环节农机社会化服务对农户劳动力转移的影响效应强度由高到低依次为：耕整地环节、播种环节、收获环节、灌溉排水环节，而植保环节农机社会化服务对农户劳动力转移则没有表现出显著的影响。相较于其他地形条件与兼业程度不同的农户，农机社会化服务对平地、纯农业户劳动力转移的影响效应更为显著。

因此，应重点支持粮食生产的重点环节和薄弱环节参与农机社会化服务，诸如农业机械化重要组成部分的耕整地环节、播种环节、收获环节，具有发展前景的植保环节等。抓住高标准农田建设的机遇，积极引导中国平原地区农户采用农机社会化服务。针对劳动力禀赋较充裕的纯农业户，可考虑选择耕整地环节、播种环节等以劳动密集型为主的农机社会化服务，释放剩余农业劳动力转移到非农产业；面对中国小规模农户仍将长期存在的现实境况，重点提高小规模农户对农机社会化服务的认知，让更多小规模农户能放心地采用农机社会化服务，从而促进小规模农户和现代农业发展的有机衔接。

第八章 主要结论与政策建议

本研究基于理论分析、数理推导和现实观察，构建了农机社会化服务影响劳动生产率的理论框架。宏观层面，在中国粮食生产面临诸多资源禀赋约束下，梳理和总结了中国粮食生产的劳动生产率、中国粮食生产现状及国际比较、农业机械化发展现状和农机服务发展水平等内容。微观层面，基于2019年中国农业大学国家农业农村发展研究院对中国13个省份开展的农村调查数据，综合应用OLS回归模型、系统广义矩估计（GMM）、工具变量法（IV）、内生转换模型（ESR）、倾向得分匹配法（PSM）、三阶段最小二乘法（3SLS）、似不相关联立模型（Biprobit）、Probit模型、分位数回归等计量实证方法，检验了农机社会化服务对劳动生产率的影响效应。由于劳动生产率的增长取决于土地生产率的增加和劳均经营规模的扩大，基于此探讨了农机社会化服务对土地生产率的影响；并因为扩大劳均经营规模有扩大土地经营规模和促进农户劳动力转移两种途径，本书分别分析了农机社会化服务对土地经营规模的影响和农机社会化服务对农户劳动力转移的影响。主要得到以下研究结论。

第一节 主要研究结论

总体而言，在中国当前的农村环境下，农机社会化服务作为社会化服务体系的关键组成部分，是中国农业现代化的重要支撑点，能够促进玉米生产的劳动生产率的提高。

农机社会化服务对土地生产率的研究表明了如下三个方面。一是，农机社会化服务对玉米生产具有增产效应，能显著促进土地生产率的提高。然而，不同环节农机社会化服务对玉米生产土地生产率的影响存在差异。耕整地、播种和植保环节农机社会化服务对玉米生产土地生产率存在显著的正向影响，说明这三个环节的农机社会化服务能够显著提高土地生产率；农户采纳耕整地环节农机社会化服务的提升效果最好。然后依次为播种环节、植保环节农机社会化服务。排灌和收获环节农机社会化服务对玉米生产土地生产率的影响则并不显著。二是，进一步以分位数回归方法分析农机社会化服务和各环节农机社会化服务对不同土地生产率水平农户的影响，实证结果表明，农机社会化服务对高水平土地生产率农户的玉米生产土地生产率提升更为有利。不同环节农机社会化服务对不同土地生产率水平农户的土地生产率提升效果也存在明显差别，其中耕整地、播种环节农机社会化服务对低水平土地生产率农户具有更明显的提升效果，而植保环节农机社会化服务对中等水平土地生产率农户具有更为明显的提升效果。总体来看，农机社会化服务对玉米农户种植土地生产率提升效果显著，但边际效果因原本土地生产率水平差异而有所差别，这种差别也体现在各生产环节上。三是，应用倾向得分匹配法（PSM）进行农机社会化服务影响土地生产率的稳健性分析，也发现采纳农机社会化服务会促使玉米生产土地生产率显著提高，并且不同环节农机社会化服务对土地生产率的提升效应存在差异。不同要素禀赋农户采纳农机社会化服务对土地生产率的影响也存在差异，农机社会化服务对平地农户的土地生产率具有正向影响效应，而对坡地山地农户的土地生产率不具有显著影响。相较于兼业农户，农机社会化服务对纯农业农户土地生产率的提升效果更好。

农机社会化服务对土地经营规模的影响研究表明了如下三个方面。一是，通过系统的理论分析和农户生产模型推导，发现农户采纳农机社会化服务缓解了其所面临的资金、技术和劳动力限制，有利于农户扩大土地经营规模。二是，实证研究检验发现农户采纳农机社会化服务对土地经营规模存在显著性促进作用。不同环节农机社会化服务对土地经营规模的促进效果存在着不同程度的差异，其中，灌溉排水环节农机社会化服务的促进效果最好，然后依次为植保环节、耕整地环节、播种环节、收获环节。三是，纯农业户和兼业农户采纳农机社会化服务均对其土地经营规模具有显著正向影响，但纯农业户的影响强度更高。地形条件是影响农机作业的关键因素，平地农户采纳农机社会化服务对土地经营规模具有正向影响效应，而坡地农户采纳农机社会化服务对土地经营规模并不具有显著影响。

农机社会化服务对农户劳动力转移的影响研究表明了如下三个方面。一是，农机社会化服务对农户劳动力转移存在正向影响效应；研究验证了农机社会化服务通过提高农户的机械化水平进而促进农户劳动力的转移。不同于自购农业机械，应用农机社会化服务使得农户劳动力进行非农转移的成本更低；而采取自购农业机械则需要一定的成本与交易费用，农户为了农业重要生产资料——农机所付出的资产沉淀更多。由于农机具有专用性的物质资产特征，自购农机表明农户具有长期从事农业生产意愿，农户劳动力进行转移的可能性较低。二是，不同环节农机社会化服务对农户劳动力转移的作用效果存在差异，因此需要提升粮食生产的重点环节和薄弱环节的农机社会化服务水平。三是，兼业情况和地形条件的不同导致农户分化，农机社会化服务对不同兼业情况、地形条件农户劳动力转移的影响机制并不相同。相较于其他地形条件和兼业情况的农户，农机社会化服务对平地、纯农业户的劳动力转移的影响效应更为显著。农机社会化服务在带动传统农户进行劳动力转移、实现其与现代农业有机衔接方面发挥了重要作用。

第二节　政策建议

一、推进农机社会化服务的发展

当前中国城镇化开启高质量发展，农机社会化服务整体上能有效替代农业劳动力，在一定程度上缓解由城镇化带来的农村劳动力短缺、女性化和老龄化对粮食生产的影响，并将各种先进技术要素以外包服务的方式导入粮食生产过程，促进粮食生产劳动生产率的提高。

农户土地权益与土地资源有效利用之间的矛盾可通过农机社会化服务来解决。农机社会化服务在不改变农民土地承包权甚至经营权的基础上，以服务规模化弥补经营细碎化的严重不足，为小规模农户实现较高水平的机械化提供了便利。鉴于农机社会化服务为农户提供了优化资源配置的机会，同时以专业化分工的形式为农户劳动生产率的提高提供了可能，因此，推动农机社会化服务发展对提高农户劳动生产率具有重要现实意义。基于此，农业部门应对农机社会化服务组织给予一定的政策性补偿，支持鼓励农机社会化服务组织发展。

不同环节农机社会化服务对玉米生产劳动生产率的影响并不相同，耕整地、播种和收获三个环节作为农业机械化最为基础的组成部分，也是农户采纳农机社会化服务较多的环节。此外，植保环节农机社会化服务的采纳程度偏低和劳动监督成本较高可能导致了其未通过显著性检验。调查发现有些玉米种植户不重视施肥和病虫害防治，认为植保环节消耗零碎劳动力，而耕整地、播种和收获环节劳动量较大，玉米种植户对消耗劳动力较多的环节，依赖农机社会化服务程度较高。国家应根据不同环节农机社会化服务的特性，重点扶持粮食生产的薄弱环节和重点环节，避免普惠性农机社会化服务支持政策导致的低效率，如加强对植保环节农机社会化服务的帮扶和支持，从而提高支持政策效能，适度推进全程农机社会化服务。

考虑到农机社会化服务影响劳动生产率的群组差异，政府需要引导不同类别农户理性选择农机社会化服务，针对兼业农户和纯农户所隐含的采纳农机社会化服务意愿和成本具有差异性，既可以尝试提高农机社会化服务补贴以降低其服务价格，也可以尝试与农户自身的农机社会化服务需求强度相结合。参考当地农户兼业情况，政府可适度支持农机社会化服务的供给；在保障农机社会化服务有效供给、缓解农业劳动力缺乏、确保粮食安全的基础上，避免农机社会化服务市场发展的无序失当以及农机社会化服务供给的"过密化"。

在推进农机社会化服务发展进程中，由于现有农业机械在技术上的约束，因此农机对劳动有效替代的先决条件是耕地地形条件。政府应依据当地自然地理禀赋，引导农机技术的升级革新以更好适应区域地形地貌。抓住高标准农田建设的机遇，尤其是针对不利于农业机械作业的坡地、山地，积极推进"地适机"和"机适地"等宜机化工作，努力降低机械作业成本；在有条件的地区努力建成高标准农田，激发小规模农户购买农机社会化服务的需求，实现农业领域"机器换人"。同时针对平原地区，应该发展大型农业机械，提高耕作质量，提高农机作业效率。

二、深化增产效应

采纳农机社会化服务是提高玉米土地生产率的有效切入点。农机社会化服务也是应对人口红利消失和农业劳动力成本刚性增加挑战的关键（李谷成等，2018），应进一步加强农机社会化服务供给侧结构性改革，完善农机社会化服务体系，增加国家对农机社会化服务的补贴，引导和支持粮食生产关键环节农机社会化服务的有效供给，避免普惠性农业生产性服务支持政策导致的低效率，提高支持政策效能。

不同环节农机社会化服务对玉米生产土地生产率的影响并不相同，收获环节是最早出现的农机社会化服务，也是采纳程度最高的环节，但本研究发现，真正能够显著提高玉米生产土地生产率的是耕整地、播种和植保环节农机社会化服务。其中，植保环节农机社会化服务的采纳程度偏低，这可能因为玉米种植户不重视施肥和病虫害防治。国家应根据不同环节农机社会化服务的特性，制定相应政策措施，以提高粮食生产土地生产率。

针对禀赋不具优势的农户制定政策给予支持。"机适地"与"地适机"政策并举，释放农业生产力，促进资源要素的优化配置。针对坡地山地，深入推进土地宜机化的整治行动；针对适宜耕种的平地，则发展农业适度规模经营，为农机社会化服务的有效应用提供地理条件。

三、推动土地规模经营

在中国城镇化进程加快的背景下，"谁来种地"和农业比较利益诉求等问题日益凸显，农机社会化服务则是外部市场对劳动、机械等生产要素的盘活及有效利用。究其本质，土地规模化经营是农户根据自身比较优势配置劳动要素和土地资源的结果。土地经营规模和农机社会化服务两者互相影响、共同作用。小农户仍然为中国农户的主体，而且小农户在长期存在的情况下，必须寻求适度规模经营。在农业推广部门充分利用农机社会化服务、强化农机社会化服务体系建设、将各种科技要素以社会化服务的形式注入农业生产环节的同时，鼓励农户以土地互换等流转形式实现农户经营土地的适度规模和集中连片，以降低农机社会化服务面对的因土地障碍产生的交易费用。

综合农户采纳不同环节农机社会化服务对其土地经营规模的促进效果的差异性，技术密集型环节农机社会化服务对土地经营规模的影响程度强于劳动密集型环节的。因此，政府应该重点支持以灌溉排水和植保环节为代表的技术密集型环节农机社会化服务组织的发展，提高广大农户对技术密集型环节农机社会化服务的认可度，构建技术密集型环节农机社会化服务体系。

四、鼓励农村劳动力转移

农机社会化服务从对已转移劳动力的补偿逐步转向为对农村劳动力的替代，为农户劳动力非农转移提供了支持。但农机社会化服务作用针对不同规模、地区的农户存在异质性，应采取适应性的具体手段。一是积极推动农村地区非农产业的发展，使农民在从事粮食生产的同时，利用闲暇时间就地转移到非农产业就业。一方面确保了国家粮食安全，有效破解了"无人种地"的困境，解决了农村劳动力的生存和发展问题，使农民不用离乡背井，就能提高家庭收入。另一方面，促进了农村地区经济的发展和人民收入水平的提高，能够助力乡村振兴，进一步缩小城乡差距，促进城乡协调发展。二是应重点支持粮食生产的重点环节和薄弱环节参与农机社会化服务，避免普惠性农机社会化服务支持政策导致的低效率，如重点支持植保阶段农机社会化服务，提高支持政策效能。三是鉴于农机社会化服务对小规模农户劳动力转移存在正向影响效应，应积极推进小规模农户采纳农机社会化服务。依据第三次全国农业普查数据，小规模农户仍占据98%以上的中国农业经营主体，小规模农户从业人员也占据农业从业人员的90%，小规模农户经营耕地面积占到全国总耕地面积的70%。在今后相当长的一段时期内，小规模农户的家庭经营依然是中国农业经营的基本面。因此，推广农机社会化服务应对小规模农户的接纳情况给予充分关注，重点提高小规模农户对农机社会化服务的认知，让更多小规模农户能放心地采用农机社会化服务，从而促进小规模农户融入现代农业发展轨道。

第三节 不足之处和未来研究方向

农机社会化服务在助力经济结构转型、调节资源配置、提高农业劳动生产率等方面发挥了重要的作用，亦被赋予了促进粮食增产、扩大经营规模、促进农户劳动力转移和推动农业现代化的使命。

本研究的不足之处在于，受样本限制无法引入更多有效的控制变量。后续会根据农机社会化服务发展设计调查问卷，获取更为全面的调研数据来进一步检验农机社会化服务对劳动生产率的影响效应。

需要说明的是，本研究结论是基于玉米种植户得出的，在其他产业中的效用还有待考证，后续研究应进一步拓展到其他粮食种植，在更广维度探讨农机社会化服务对劳动生产率的影响效应和内在机制。另外，本研究考察了农户是否采纳农机社会化服务、农机社会化服务采纳程度、农机社会化服务采纳项数，在后续研究中还可以尝试将具体的农机社会化服务费用纳入分析框架，以进一步研究农机社会化服务的深层次作用。

因为本研究聚焦于农机社会化服务对劳动生产率的影响效应，重点关注如何通过农机社会化服务影响劳动生产率、土地生产率、经营规模、农户劳动力转移，却缺乏考虑农机社会化服务对其他方面的影响效应，诸如农机社会化服务对农户福利、农业生产绩效等的影响，这也是未来深入研究的方向。

参考文献

[1] 白人朴. 农业机械化与农民收入翻番[J]. 中国农机化, 2009 (01): 10-12.

[2] 白人朴. 中国特色农业机械化理论体系研究[J]. 中国农机化, 2011 (05): 14-15+24.

[3] 蔡昉. 改革时期农业劳动力转移与重新配置[J]. 中国农村经济, 2017 (10): 2-12.

[4] 蔡键, 刘文勇. 农业社会化服务与机会主义行为: 以农机手作业服务为例[J]. 改革, 2019 (03): 18-29.

[5] 蔡键, 邵爽, 刘文勇. 土地流转与农业机械应用关系研究——基于河北、河南、山东三省的玉米机械化收割的分析[J]. 上海经济研究, 2016 (12): 89-96.

[6] 蔡键, 唐忠, 朱勇. 要素相对价格、土地资源条件与农户农业机械服务外包需求[J]. 中国农村经济, 2017 (08): 18-28.

[7] 蔡荣, 蔡书凯. 农业生产环节外包实证研究——基于安徽省水稻主产区的调查[J]. 农业技术经济, 2014 (04): 34-42.

[8] 曹阳, 胡继亮. 中国土地家庭承包制度下的农业机械化——基于中国17省(区、市)的调查数据[J]. 中国农村经济, 2010 (10): 57-65+76.

[9] 曾福生, 高鸣. 我国粮食生产效率核算及其影响因素分析——基于SBM-Tobit模型二步法的实证研究[J]. 农业技术经济, 2012 (07): 63-70.

[10] 柴玲. 黑龙江省水稻种植户生产行为及影响因素研究[D]. 哈尔滨: 东北农业大学, 2017.

[11] 陈超, 李寅秋, 廖西元. 水稻生产环节外包的生产率效应分析——基于江苏省三县的面板数据[J]. 中国农村经济, 2012 (02): 86-96.

[12] 陈超, 唐若迪. 水稻生产环节外包服务对农户土地转入的影响——基于农户规模分化的视角[J]. 南京农业大学学报(社会科学版), 2020, 20 (05): 156-

166.

[13] 陈浩, 王佳. 社会资本能促进土地流转吗? ——基于中国家庭追踪调查的研究 [J]. 中南财经政法大学学报, 2016 (01): 21-29+158-159.

[14] 陈宏伟, 穆月英. 农业生产性服务的农户增收效应研究——基于内生转换模型的实证 [J]. 农业现代化研究, 2019, 40 (03): 403-411.

[15] 陈昭玖, 胡雯. 要素供给与中国粳稻生产效率增长: 技术推动抑或效率驱动——基于 DEA-Tobit 模型 [J]. 农业经济与管理, 2016 (06): 35-42.

[16] 成德宁, 李燕. 农业产业结构调整对农业劳动生产率的影响 [J]. 经济问题探索, 2016 (11): 148-153+172.

[17] 程名望, 贾晓佳, 俞宁. 农村劳动力转移对中国经济增长的贡献 (1978—2015 年): 模型与实证 [J]. 管理世界, 2018, 34 (10): 161-172.

[18] 程申. 农户土地经营规模与粮食生产率的关系 [D]. 北京: 中国农业大学, 2019.

[19] 仇叶. 小规模土地农业机械化的道路选择与实现机制——对基层内生机械服务市场的分析 [J]. 农业经济问题, 2017, 38 (02): 55-64+2.

[20] 董欢, 郭晓鸣. 生产性服务与传统农业: 改造抑或延续——基于四川省 501 份农户家庭问卷的实证分析 [J]. 经济学家, 2014 (06): 84-90.

[21] 段培. 农业生产环节外包行为响应与经济效应研究 [D]. 西安: 西北农林科技大学, 2018.

[22] 方师乐, 卫龙宝, 伍骏骞. 农业机械化的空间溢出效应及其分布规律——农机跨区服务的视角 [J]. 管理世界, 2017 (11): 65-78+187-188.

[23] 付振奇, 陈淑云. 政治身份影响农户土地经营权流转意愿及行为吗? ——基于 28 省份 3305 户农户调查数据的分析 [J]. 中国农村观察, 2017 (05): 130-144.

[24] 高帆, 尹晨. 中国经济转型背景下的城市化与农业劳动生产率演变 [J]. 求是学刊, 2020, 47 (04): 70-79.

[25] 高帆. 结构转化、资本深化与农业劳动生产率提高——以上海为例的研究 [J]. 经济理论与经济管理, 2010 (02): 66-73.

[26] 高帆. 农业劳动生产率提高的国际经验与中国的选择 [J]. 复旦学报 (社会科学版), 2015, 57 (01): 116-124.

[27] 龚道广. 农业社会化服务的一般理论及其对农户选择的应用分析 [J]. 中国农村观察, 2000 (06): 25-34+78.

[28] 关佳晨. 农业结构调整对全要素生产率增产的影响研究 [D]. 北京: 中国农业大学, 2021.

[29] 韩俊. "十二五"时期"三农"政策基本走向 [J]. 湖南农业科学, 2010 (24): 5-8.

[30] 侯方安. 农业机械化推进机制的影响因素分析及政策启示——兼论耕地细碎化经营方式对农业机械化的影响 [J]. 中国农村观察, 2008 (05): 42-48.

[31] 胡凌啸. 中国农业规模经营的现实图谱: "土地+服务"的二元规模化 [J]. 农业经济问题, 2018 (11): 20-28.

[32] 胡铭. 我国生产性服务业与农业协同发展效应研究 [J]. 农业经济问题, 2013, 34 (12): 25-30+110.

[33] 胡新艳, 罗必良. 新一轮农地确权与促进流转: 粤赣证据 [J]. 改革, 2016 (04): 85-94.

[34] 胡祎, 张正河. 农机服务对小麦生产技术效率有影响吗? [J]. 中国农村经济, 2018 (05): 68-83.

[35] 宦梅丽. 农机作业服务对中国粮食生产技术效率的影响研究 [D]. 北京: 中国农业大学, 2021.

[36] 黄季焜, 齐亮, 陈瑞剑. 技术信息知识、风险偏好与农民施用农药 [J]. 管理世界, 2008 (05): 71-76.

[37] 黄季焜. 新时期的中国农业发展: 机遇、挑战和战略选择 [J]. 中国科学院院刊, 2013, 28 (03): 295-300.

[38] 黄玛兰, 李晓云, 游良志. 农业机械与农业劳动力投入对粮食产出的影响及其替代弹性 [J]. 华中农业大学学报 (社会科学版), 2018 (02): 37-45+156.

[39] 黄玉祥, 朱瑞祥, 刘水长. 农业机械化与农村劳动力转移 [J]. 中国农机化, 2005 (2): 7-10.

[40] 黄云鹏. 家庭规模经营与专业化分工 [J]. 经济研究参考, 2003 (71): 32-34.

[41] 纪月清, 钟甫宁. 非农就业与农户农机服务利用 [J]. 南京农业大学学报 (社会科学版), 2013, 13 (05): 47-52.

[42] 纪月清. 农机服务市场与农机支持政策的选择研究 [M]. 北京: 经济管理出版

社，2012.

[43] 姜松，曹峥林，刘晗. 农业社会化服务对土地适度规模经营影响及比较研究——基于 CHIP 微观数据的实证 [J]. 农业技术经济，2016（11）：4 – 13.

[44] 姜长云. 关于发展农业生产性服务业的思考 [J]. 农业经济问题，2016，37（05）：8 – 15 + 110.

[45] 姜长云. 农业生产性服务业发展的模式、机制与政策研究 [J]. 经济研究参考，2011（51）：2 – 25.

[46] 孔祥智，钟真. 供销合作社改革、土地托管与服务规模化——山东省供销合作社综合改革调查与思考 [J]. 中国合作经济，2017（10）：36 – 40.

[47] 孔祥智，周振，路玉彬. 我国农业机械化道路探索与政策建议 [J]. 经济纵横，2015（07）：65 – 72.

[48] 李婵媛. 农业机械化对农业劳动力转移的影响研究 [D]. 厦门：厦门大学，2018.

[49] 李春海. 农业式微和产业转移：基于农产品收入需求弹性的分析 [J]. 农业经济问题，2003（04）：15 – 17.

[50] 李谷成，冯中朝，范丽霞. 小农户真的更加具有效率吗？来自湖北省的经验证据 [J]. 经济学（季刊），2010，9（01）：95 – 124.

[51] 李谷成，李烨阳，周晓时. 农业机械化、劳动力转移与农民收入增长——孰因孰果？[J]. 中国农村经济，2018（11）：112 – 127.

[52] 李谷成. 资本深化、人地比例与中国农业生产率增长——个生产函数分析框架 [J]. 中国农村经济，2015（01）：14 – 30 + 72.

[53] 李虹韦，钟涨宝. 农地确权对农地转出意愿的影响——基于确权制度可信度的调节效应分析 [J]. 资源科学，2020，42（09）：1657 – 1667.

[54] 李慧，阴朋莉. 基于 DEA – Tobit 模型的生产性服务业对农业生产效率的影响——以河南省为例 [J]. 技术与创新管理，2016，37（06）：678 – 683.

[55] 李静. 劳动力转移、资本深化与农业劳动生产率提高 [J]. 云南财经大学学报，2013，29（03）：31 – 38.

[56] 李俏，张波. 农业社会化服务需求的影响因素分析——基于陕西省 74 个村 214 户农户的抽样调查 [J]. 农村经济，2011（06）：83 – 87.

[57] 李天娇. 关于我国农业服务业发展问题研究 [D]. 北京：中国社会科学院研究

生院，2018.

[58] 李小阳，孙松林，蒋苹．农业机械化与农业劳动力转移 [J]．农机化研究，2003 (01)：23-26.

[59] 李颖明，王旭，刘扬．农业生产性服务对农地经营规模的影响 [J]．中国农学通报，2015，31 (35)：264-272.

[60] 梁银锋，陈雯婷，谭晶荣．全球化对中国农业生产性服务业的影响 [J]．农业技术经济，2018 (07)：4-18.

[61] 廖西元，申红芳，王志刚．中国特色农业规模经营"三步走"战略——从"生产环节流转"到"经营权流转"再到"承包权流转" [J]．农业经济问题，2011，35 (12)：15-22.

[62] 林善浪．家庭经营：实现我国农业现代化的基本模式 [J]．经济理论与经济管理，2000 (05)：59-62.

[63] 林毅夫，蔡昉，李周．比较优势与发展战略——对"东亚奇迹"的再解释 [J]．中国社会科学，1999 (05)：4-20+204.

[64] 林毅夫．制度、技术与中国农业发展 [M]．上海：上海三联书店，2005.

[65] 刘凤芹．农业土地规模经营的条件与效果研究：以东北农村为例 [J]．管理世界，2006 (09)：71-79+171-172.

[66] 刘家成，钟甫宁，徐志刚，仇焕广．劳动分工视角下农户生产环节外包行为异质性与成因 [J]．农业技术经济，2019 (07)：4-14.

[67] 刘楠．我国农业生产性服务业发展模式研究 [D]．北京：北京科技大学，2017.

[68] 刘强，杨万江．农户行为视角下农业生产性服务对土地规模经营的影响 [J]．中国农业大学学报，2016，21 (09)：188-197.

[69] 刘守英．中国农业的转型与现代化 [J]．全球商业经典，2020 (11)：38-41.

[70] 刘雨松．土地细碎化对农户购买农机作业服务的影响分析 [D]．重庆：西南大学，2014.

[71] 龙吉泽．巴西的农业生产及农业机械化 [J]．湖南农机，2014，41 (12)：95-96.

[72] 卢秉福．黑龙江省农业机械化发展与农村剩余劳动力转移互动性研究 [J]．中国农机化学报，2014，35 (03)：268-271.

[73] 罗必良，万燕兰，洪炜杰，钟文晶．土地细碎化、服务外包与农地撂荒——基于

9省区2704份农户问卷的实证分析[J]. 经济纵横, 2019 (07): 63-73.

[74] 罗必良, 张露, 仇童伟. 小农的种粮逻辑——40年来中国农业种植结构的转变与未来策略[J]. 南方经济, 2018 (08): 1-28.

[75] 罗必良. 论服务规模经营——从纵向分工到横向分工及连片专业化[J]. 中国农村经济, 2017 (11): 2-16.

[76] 罗必良. 农地流转的市场逻辑——"产权强度-禀赋效应-交易装置"的分析线索及案例研究[J]. 南方经济, 2014 (05): 1-24.

[77] 罗必良. 农地确权、交易含义与农业经营方式转型——科斯定理拓展与案例研究[J]. 中国农村经济, 2016 (11): 2-16.

[78] 罗必良. 农业家庭经营: 走向分工经济[M]. 北京: 中国农业出版社, 2017.

[79] 罗必良. 农业经营制度的理论轨迹及其方向创新: 川省个案[J]. 改革, 2014 (02): 96-112.

[80] 罗丹, 李文明, 陈洁. 粮食生产经营的适度规模: 产出与效益二维视角[J]. 管理世界, 2017 (01): 78-88.

[81] 罗明忠, 邱海兰, 陈江华. 农业社会化服务的现实约束、路径与生成逻辑——江西绿能公司例证[J]. 学术研究, 2019 (05): 79-87+177-178.

[82] 罗明忠, 邱海兰, 陈小知. 农机投资对农村女性劳动力非农就业转移影响及其异质性[J]. 经济与管理评论, 2021, 37 (02): 127-137.

[83] 吕挺, 纪月清, 易中懿. 水稻生产中的地块规模经济——基于江苏常州金坛的调研分析[J]. 农业技术经济, 2014 (02): 68-75.

[84] 马九杰, 赵将, 吴本健, 诸怀成. 提供社会化服务还是流转土地自营: 对农机合作社发展转型的案例研究[J]. 中国软科学, 2019 (07): 35-46.

[85] 冒佩华, 徐骥, 贺小丹, 周亚虹. 农地经营权流转与农民劳动生产率提高: 理论与实证[J]. 经济研究, 2015, 50 (11): 161-176.

[86] 闵锐. 粮食全要素生产率: 基于序列DEA与湖北主产区县域面板数据的实证分析[J]. 农业技术经济, 2012 (01): 47-55.

[87] 倪国华, 蔡昉. 农户究竟需要多大的农地经营规模?——农地经营规模决策图谱研究[J]. 经济研究, 2015, 50 (03): 159-171.

[88] 潘彪, 田志宏. 中国农业机械化高速发展阶段的要素替代机制研究[J]. 农业工程学报, 2018, 34 (09): 1-10.

[89] 彭柳林,吴昌南,张云,张志芳,王勇.粮食生产效率:农业生产性服务对农业劳动力老龄化具有调节效应吗?——基于江西省粮食主产县500农户的调查[J].中国农业资源与区划,2018,39(04):7-13.

[90] 钱静斐,陈志钢,Filipski Mateusz,王建英.耕地经营规模及其质量禀赋对农户生产环节外包行为的影响——基于中国广西水稻种植农户的调研数据[J].中国农业大学学报,2017,22(09):164-173.

[91] 邱爱莲,崔日明.生产性服务贸易对中国制造业TFP提升的影响:机理与实证研究——基于面板数据和分行业进口的角度[J].国际经贸探索,2014,30(10):28-38.

[92] 舒尔茨.改造传统农业[M].北京:商务印书馆,1964.

[93] 宋海英,姜长云.农户对农机社会化服务的选择研究——基于8省份小麦种植户的问卷调查[J].农业技术经济,2015(09):27-36.

[94] 宋连久,孙养学.西藏农业劳动生产率的现状及因素分析[J].西北农林科技大学学报(社会科学版),2009,9(01):19-24.

[95] 宋修一.农户采用农机作业服务的影响因素分析[D].南京:南京农业大学,2009.

[96] 速水佑次郎,弗农·拉坦.农业发展:国际前景[M].北京:商务印书馆,1985.

[97] 孙顶强,Misgina Asmelash,卢宇桐,刘明轩.作业质量监督、风险偏好与农户生产外包服务需求的环节异质性[J].农业技术经济,2019(04):4-15.

[98] 孙顶强,冯紫曦.健康对我国农村家庭非农就业的影响:效率效应与配置效应——以江苏省灌南县和新沂市为例[J].农业经济问题,2015,36(08):28-34+110.

[99] 孙顶强,卢宇桐,田旭.生产性服务对中国水稻生产技术效率的影响——基于吉、浙、湘、川4省微观调查数据的实证分析[J].中国农村经济,2016(08):70-81.

[100] 孙良媛,张岳恒.转型期农业风险的特点与风险管理[J].农业经济问题,2001(08):20-26.

[101] 孙新华.农业经营主体:类型比较与路径选择——以全员生产效率为中心[J].经济与管理研究,2013(12):59-66.

[102] 檀竹平, 洪炜杰, 罗必良. 农业劳动力转移与种植结构"趋粮化"[J]. 改革, 2019 (07): 111-118.

[103] 唐轲, 王建英, 陈志钢. 农户耕地经营规模对粮食单产和生产成本的影响——基于跨时期和地区的实证研究[J]. 管理世界, 2017 (05): 79-91.

[104] 佟大建, 黄武. 社会经济地位差异、推广服务获取与农业技术扩散[J]. 中国农村经济, 2018 (11): 128-143.

[105] 汪小平. 中国农业劳动生产率增长的特点与路径分析[J]. 数量经济技术经济研究, 2007 (04): 14-25+64.

[106] 王吉鹏, 肖琴, 李建平. 新型农业经营主体融资：困境、成因及对策——基于131个农业综合开发产业化发展贷款贴息项目的调查[J]. 农业经济问题, 2018 (02): 71-77.

[107] 王建英. 转型时期农业生产方式调整与生产效率研究[D]. 杭州：浙江大学, 2015.

[108] 王晶, 毕盛, 李芸, 吕开宇. 正规信贷约束对农户粮食生产的影响分析[J]. 农业技术经济, 2018 (05): 28-39.

[109] 王欧, 唐轲, 郑华懋. 农业机械对劳动力替代强度和粮食产出的影响[J]. 中国农村经济, 2016 (12): 46-59.

[110] 王全忠, 陈欢, 张倩, 周宏. 农户水稻"双改单"与收入增长：来自农村社会化服务的视角[J]. 中国人口·资源与环境, 2015, 25 (03): 153-162.

[111] 王士春, 尹辉, 陈传波, 陈祖群. 土地质量对农业劳动生产率的影响——来自六省县级数据的经验证据[J]. 中国人口·资源与环境, 2011, 21 (S1): 330-333.

[112] 王亚辉, 李秀彬, 辛良杰, 谈明洪, 李薇. 中国农地经营规模对农业劳动生产率的影响及其区域差异[J]. 自然资源学报, 2017, 32 (04): 539-552.

[113] 王翌秋, 陈玉珠. 劳动力外出务工对农户种植结构的影响研究——基于江苏和河南的调查数据[J]. 农业经济问题, 2016, 37 (02): 41-48+111.

[114] 王玉斌, 李乾. 农业生产性服务、粮食增产与农民增收——基于CHIP数据的实证分析[J]. 财经科学, 2019 (03): 92-104.

[115] 王跃梅, 姚先国, 周明海. 农村劳动力外流、区域差异与粮食生产[J]. 管理世界, 2013 (11): 67-76.

[116] 王钊, 刘晗, 曹峥林. 农业社会化服务需求分析——基于重庆市 191 户农户的样本调查 [J]. 农业技术经济, 2015 (09): 17-26.

[117] 王志刚, 申红芳, 廖西元. 农业规模经营: 从生产环节外包开始——以水稻为例 [J]. 中国农村经济, 2011 (09): 4-12.

[118] 魏平. 农户兼业一定导致低效率么?——基于 CLDS 数据的实证分析 [J]. 商业研究, 2020 (12): 132-144.

[119] 魏巍, 李万明. 农业劳动生产率的影响因素分析与提升路径 [J]. 农业经济问题, 2012, 33 (10): 29-35+110-111.

[120] 温铁军, 刘海英. 家电下乡与问题分析 [J]. 中国金融, 2009 (06): 85.

[121] 吴蓓蓓, 陈永福. 广东省城镇居民鲜乳品消费市场展望——基于双栏式模型的实证分析 [J]. 农业展望, 2013, 9 (01): 70-74.

[122] 吴义根. 低碳约束下的中国农业生产率研究 [D]. 北京: 中国农业大学, 2019.

[123] 伍骏骞, 方师乐, 李谷成, 徐广彤. 中国农业机械化发展水平对粮食产量的空间溢出效应分析——基于跨区作业的视角 [J]. 中国农村经济, 2017 (06): 44-57.

[124] 谢枫. 粮食生产补贴、生产要素投入与我国粮食生产效率 [D]. 南昌: 江西财经大学, 2015.

[125] 辛良杰, 李秀彬, 朱会义, 刘学军, 谈明洪, 田玉军. 农户土地规模与生产率的关系及其解释的印证——以吉林省为例 [J]. 地理研究, 2009, 28 (05): 1276-1284.

[126] 许广月. 农业机械化与农民收入关系研究——基于中国省级面板的实证分析 [J]. 西部论坛, 2011, 21 (03): 18-25.

[127] 许经勇. 论社会主义市场竞争的动力机制 [J]. 财经问题研究, 1995 (05): 19-22.

[128] 许秀川, 李容, 李国珍. 小规模经营与农户农机服务需求——一个两阶段决策模型的考察 [J]. 农业技术经济, 2017 (09): 45-57.

[129] 薛莲. 服务外包: 制度环境与生产率效应研究 [D]. 杭州: 浙江大学, 2014.

[130] 杨彩艳, 齐振宏, 黄炜虹, 左志平. 农业社会化服务有利于农业生产效率的提高吗?——基于三阶段 DEA 模型的实证分析 [J]. 中国农业大学学报, 2018,

23（11）：232-244.

[131] 杨芳. 社会网络对农户生产决策的影响研究［D］. 重庆：西南大学，2019.

[132] 杨福霞，郑凡，杨冕. 中国种植业劳动生产率区域差异的动态演进及驱动机制［J］. 资源科学，2019，41（08）：1563-1575.

[133] 杨进，吴比，金松青，陈志钢. 中国农业机械化发展对粮食播种面积的影响［J］. 中国农村经济，2018（03）：89-104.

[134] 杨进. 中国农业机械化服务与粮食生产［D］. 杭州：浙江大学，2015.

[135] 杨思雨，蔡海龙，丁志超. 农机社会化服务对小麦生产技术效率的影响［J/OL］. 中国农业资源与区划：1-12［2022-03-21］. http：//kns.cnki.net/kcms/detail/11.3513.s.20210622.1006.002.html.

[136] 杨思雨，蔡海龙. 不同环节农机社会化服务对粮食生产技术效率的影响——以早稻为例［J］. 中国农业大学学报，2020，25（11）：138-149.

[137] 杨思雨，蔡海龙. 农机社会化服务对小规模农户劳动力转移的影响研究［J］. 农业现代化研究，2020，41（03）：417-425.

[138] 杨思雨，蔡海龙. 农机社会化服务对玉米生产技术效率的影响研究［J］. 中国农业资源与区划，2021，42（04）：118-125.

[139] 杨万江，李琪. 农户兼业、生产性服务与水稻种植面积决策——基于11省1646户农户的实证研究［J］. 中国农业大学学报（社会科学版），2018，35（01）：100-109.

[140] 刘强，杨万江. 农户行为视角下农业生产性服务对土地规模经营的影响［J］. 中国农业大学学报，2016，21（09）：188-197.

[141] 杨志海. 生产环节外包改善了农户福利吗？——来自长江流域水稻种植农户的证据［J］. 中国农村经济，2019（04）：73-91.

[142] 杨子，饶芳萍，诸培新. 农业社会化服务对土地规模经营的影响——基于农户土地转入视角的实证分析［J］. 中国农村经济，2019（03）：82-95.

[143] 杨子，张建，诸培新. 农业社会化服务能推动小农对接农业现代化吗——基于技术效率视角［J］. 农业技术经济，2019（09）：16-26.

[144] 应瑞瑶，徐斌. 农户采纳农业社会化服务的示范效应分析——以病虫害统防统治为例［J］. 中国农村经济，2014（08）：30-41.

[145] 虞洪. 种粮主体行为变化对粮食安全的影响及对策研究［D］. 成都：西南财经

大学, 2016.

[146] 虞松波, 刘婷, 曹宝明. 农业机械化服务对粮食生产成本效率的影响——来自中国小麦主产区的经验证据 [J]. 华中农业大学学报 (社会科学版), 2019 (04): 81-89+173.

[147] 张露, 罗必良. 小农生产如何融入现代农业发展轨道?——来自中国小麦主产区的经验证据 [J]. 经济研究, 2018, 53 (12): 144-160.

[148] 张蕊, 杨晓丹, 王楠. 中国农业"人口红利"正在消失——基于随机前沿模型的检验 [J]. 南方人口, 2011, 26 (06): 25-33+55.

[149] 张桃林. 以农业机械化支撑和引领农业现代化 [J]. 求是, 2012 (14): 41-43.

[150] 张文君. 农药雾滴雾化与在玉米植株上的沉积特性研究 [D]. 北京: 中国农业大学, 2014.

[151] 张忠军, 易中懿. 农业生产性服务外包对水稻生产率的影响研究——基于358个农户的实证分析 [J]. 农业经济问题, 2015, 36 (10): 69-76.

[152] 张忠明, 钱文荣. 不同兼业程度下的农户土地流转意愿研究——基于浙江的调查与实证 [J]. 农业经济问题, 2014, 35 (03): 19-24+110.

[153] 张宗毅, 杜志雄. 农业生产性服务决策的经济分析——以农机作业服务为例 [J]. 财贸经济, 2018, 39 (04): 146-160.

[154] 张宗毅. "十四五"期间丘陵山区农田宜机化改造若干重大问题与举措 [J]. 中国农村经济, 2020 (11): 13-28.

[155] 赵本东, 赵宗禹. 乘法 [M]. 美国学术出版公司, 2011.

[156] 赵佳, 姜长云. 兼业小农抑或家庭农场——中国农业家庭经营组织变迁的路径选择 [J]. 农业经济问题, 2015, 36 (03): 11-18+110.

[157] 赵培芳, 王玉斌. 农户兼业对农业生产环节外包行为的影响——基于湘皖两省水稻种植户的实证研究 [J]. 华中农业大学学报 (社会科学版), 2020 (01): 38-46+163.

[158] 赵玉姝. 农户分化背景下农业技术推广机制优化研究 [D]. 青岛: 中国海洋大学, 2014.

[159] 郑旭媛, 徐志刚. 资源禀赋约束、要素替代与诱致性技术变迁——以中国粮食生产的机械化为例 [J]. 经济学 (季刊), 2017, 16 (01): 45-66.

[160] 郑旭媛. 资源禀赋约束、要素替代与中国粮食生产变迁 [D]. 南京：南京农业大学, 2015.

[161] 钟甫宁, 陆五一, 徐志刚. 农村劳动力外出务工不利于粮食生产吗？——对农户要素替代与种植结构调整行为及约束条件的解析 [J]. 中国农村经济, 2016 (07)：36-47.

[162] 钟鑫. 不同规模农户粮食生产行为及效率的实证研究 [D]. 北京：中国农业科学院, 2016.

[163] 钟真. 社会化服务：新时代中国特色农业现代化的关键——基于理论与政策的梳理 [J]. 政治经济学评论, 2019, 10 (02)：92-109.

[164] 周宏, 王全忠, 张倩. 农村劳动力老龄化与水稻生产效率缺失——基于社会化服务的视角 [J]. 中国人口科学, 2014 (03)：53-65+127.

[165] 周利平, 昝祺祺, 翁贞林. 农户兼业、生产环节外包与农业种植结构"趋粮化"[J]. 农业现代化研究, 2021, 42 (01)：78-84.

[166] 周应恒, 俞文博, 周德. 德国农地管理与农业经营体系研究 [J]. 改革与战略, 2016, 32 (05)：150-154.

[167] 周应堂. 论农业劳动分工与新型农民培养 [J]. 农业经济, 2007 (2)：14-17.

[168] 周振, 马庆超, 孔祥智. 农业机械化对农村劳动力转移贡献的量化研究 [J]. 农业技术经济, 2016 (02)：52-62.

[169] 周振, 孔祥智. 农业机械化对我国粮食产出的效果评价与政策方向 [J]. 中国软科学, 2019 (04)：20-32.

[170] 周振, 张琛, 彭超, 孔祥智. 农业机械化与农民收入：来自农机具购置补贴政策的证据 [J]. 中国农村经济, 2016 (02)：68-82.

[171] 周作昂, 赵绍阳, 何庆红. 劳动力老龄化对农业土地流转和规模经营的影响 [J]. 财经科学, 2020 (02)：120-132.

[172] 祝华军. 农业机械化与农业劳动力转移的协调性研究 [J]. 农业现代化研究, 2005 (03)：190-193.

[173] 庄丽娟, 贺梅英, 张杰. 农业生产性服务需求意愿及影响因素分析——以广东省450户荔枝生产者的调查为例 [J]. 中国农村经济, 2011 (03)：70-78.

[174] 宗锦耀. 坚持走中国特色的农业机械化发展道路 [C]. 中国农业机械学会,

2008: 6.

[175] Akinola A A. Government tractor hire service scheme as a tractorization policy in Africa: The Nigerian experience [J]. Agricultural Administration and Extension, 1987, 25 (2): 63 – 71.

[176] Amiti M, Wei S J. Service Offshoring and Productivity: Evidence from the US [J]. World Economy, 2010, 32 (2): 203 – 220.

[177] Amiti M, Wei S J. Service Offshoring, Productivity, and Employment; Evidence from the United States [R]. IMF Working Papers, 2005.

[178] Bardhan, P. K. and C. Udry. Development Microeconomics [M]. Oxford University Press, 1999.

[179] Becker, G. Human Capital. Chicago [M]. University of Chicago Press, 1964.

[180] Benin S. Impact of Ghana's Agricultural Mechanization Services Center Program [J]. Agricultural Economics, 2015, 46: 103 – 117.

[181] Brookhart M. A., Schneeweiss S. Variable Selection for Propensity Score Models [J]. American Journal of Epidemiology, 2006, 163 (12): 1149 – 1156.

[182] Byiringiro F, Reardon T. Farm productivity in Rwanda: Effects of farm size, erosion, and soil conservation investments [J]. Agricultural Economics, 1996, 15 (2): 127 – 136.

[183] Cai F, Wang M. A Counterfactual Analysis on Unlimited Surplus Labor in Rural China [J]. China & World Economy, 2008, 16 (1): 51 – 65.

[184] Caliendo, M., and S. Kopeining. "Some Practical Guidance for The Implementation of Propensity Score Matching" [J]. Journal of Economic Surveys, 2008, 22 (1): 31 – 72.

[185] Carney D. The changing public role in services to agriculture: a framework for analysis [J]. Food Policy, 1995, 20 (6): 521 – 528.

[186] Coelli T J, Battese G E. Identification of Factors which Influence the Technical Inefficiency of Indian Farmers [J]. Australian Journal of Agricultural Economics, 1996, 40 (2): 103 – 128.

[187] Conway, D., & Cohen, J. H. Consequences of Migration and Remittances for Mexican Transitional Communities [J]. Economic Geography, 2005, 74 (1): 26 – 44.

[188] Cragg, John G. Some Statistical Models for Limited Dependent Variables with Application to the Demand for Durable Goods [J]. Econometrica, 1971, 39 (5): 829 – 844.

[189] Deininger, K. and S. Jin. Land Sales and Rental Markets in Transition: Evidence from Rural Vietnam [J]. Oxford Bulletin of Economics & Statistics, 2008, 70 (1): 67 – 101.

[190] Egger H, Egger P. International Outsourcing and the Productivity of Low – Skilled Labor in the EU [J]. Economic Inquiry, 2006, 44.

[191] Egger. H. and Egger. P. International Outsourcing and the Productivity of Low – skilled Labour in the EU [J]. Public Adminidtration Abstracts, 2006, 33 (3): 98.

[192] Fleisher B M, Liu Y. Economics of scale, plot size, human capital, and productivity in Chinese agriculture [J]. Quarterly Review of Economics and Finance, 1992, 32 (3): 112 – 123.

[193] Gianessi L, Reigner N. The Outsourcing of Organic Crop Production [J]. CropLife Foundation, 2005 (07): 76 – 80.

[194] Girma Sourafel and Görg Holger. Outsourcing, Foreign Ownership, and Productivity: Evidence from UK Establishment – level Data [J]. Review of International Economics, 2004, 12 (5): 817 – 832.

[195] Gollin D, Lagakos D, Waugh M E. Agricultural Productivity Differences across Countries [J]. American Economic Review, 2014, 104 (104): 165 – 70.

[196] Grossman, M. On the Concept of Health Capital and the Demand for Health. the Journal of Political Economy, 1972 (80): 223 – 255.

[197] Hayami Y, Ruttan, Vernon W. Agricultural development: An international perspective [J]. 1985, 82 (2): 123 – 141.

[198] Hicks, J. R. The theory of wages [M]. London: Macmillan, 1932.

[199] Houssou N, Diao X, Cossar F, et al. Agricultural Mechanization in Ghana: Is Specialized Agricultural Mechanization Service Provision a Viable Business Model? [J]. American Journal of Agricultural Economics, 2013, 95 (5): 1237 – 1244.

[200] Huang J, Ding J. Institutional innovation and policy support to facilitate small – scale farming transformation in China [J]. Agricultural Economics, 2016, 47 (S1):

227 – 237.

[201] Igata, Masayo, Hendriksen, Astrid, Heijman, Wim J. M. Agricultural outsourcing: A comparison between the Netherlands and Japan [J]. Apstract Applied Studies in Agribusiness & Commerce, 2008, 02.

[202] Ji Y, Hu X, Zhu J, et al. Demographic change and its impact on farmers field production decisions [J]. China Economic Review, 2017, 43: 64 – 71.

[203] Lin J Y. Rural Reforms and Agricultural Growth in China [J]. American Economic Review, 1992, 82.

[204] Mann, Catherine L. Globalization of IT Services and White Collar Jobs: The Next Wave of Productivity and Growth [J]. International Economies Policy Briefs, 2004, (3): 3 – 11.

[205] Marshall, A. Principles of Economics [M]. London: Macmillan, 1920.

[206] Mottaleb K A, Rahut D B, Ali A, et al. Enhancing Smallholder Access to Agricultural Machinery Services: Lessons from Bangladesh [J]. The Journal of Development Studies, 2016, 53 (9): 1 – 16.

[207] Mullan, K., P. Grosjean, and A. Kontoleon. "Land Tenure Arrangements and Rural – urban Migration in China" [J]. World Development, 2008, 39 (1): 123 – 133.

[208] Olmstead, A. L. and P. W. Rhode. "Reshaping the Landscape: The Impact and Diffusion of the Tractor in American Agriculture, 1910 ~ 1960" [J]. The Journal of Economic History, 2001, 61 (3): 663 – 698.

[209] Otsuka, Keijiro. Food insecurity, income inequality, and the changing comparative advantage in world agriculture [J]. Agricultural Economics, 2013, 44 (S1): 7 – 18.

[210] Pingali P. Chapter 54 Agricultural Mechanization: Adoption Patterns and Economic Impact [M]. Handbook of Agricultural Economics. Elsevier B. V. 2007.

[211] Portes A. On the Sociology of National Development: Theories and Issues [J]. American Journal of Sociology, 1976, 82 (1): 55 – 85.

[212] Raa T, Woff E N. Outsourcing of Services and the Productivity Recovery in U. S. Manufacturing in the 1980s and 1990s [J]. Journal of Productivity Analysis, 2001,

16 (2): 149 - 165.

[213] Ragasa C, Golan J. The role of rural producer organizations for agricultural service provision in fragile states [J]. Agricultural Economics, 2014, 45 (5): 537 - 553.

[214] Ruttan, V. Technology, Growth and Development: An Induced Innovation Perspective Oxford [M]. Oxford University Press, 2001.

[215] T. W. Schultz, Transforming Traditional Agriculture [M]. Yale University Press, 1964.

[216] Takeshima H, Nin - - Pratt A, Diao X. Mechanization and Agricultural Technology Evolution, Agricultural Intensification in Sub - Saharan Africa: Typology of Agricultural Mechanization in Nigeria [J]. American Journal of Agricultural Economics, 2013, 95 (5): 1230 - 1236.

[217] Wang X, Yamauchi F, Huang J. Rising wages, mechanization, and the substitution between capital and labor: Evidence from small scale farm system in China [J]. Agricultural Economics, 2016, 47 (3): 309 - 317.

[218] Wang X, Yamauchi F, Otsuka K, et al. Wage growth, landholding, and mechanization in Chinese agriculture [M]. The World Bank, 2016.

[219] Winkler D. Services Offshoring and its Impact on Productivity and Employment: Evidence from Germany, 1995 - 2006 [J]. World Economy, 2010, 33 (12): 1672 - 1701.

[220] Yamauchi F. Rising real wages, mechanization and growing advantage of large farms: Evidence from Indonesia [J]. Food Policy, 2016, 58: 62 - 69.

[221] Yang J, Huang Z, Zhang X, et al. The Rapid Rise of Cross - Regional Agricultural Mechanization Services in China [J]. American Journal of Agricultural Economics, 2013, 95 (5): 1245 - 1251.

[222] Zhang X B, Guo L. Does Guanxi Matterto Nonfarm Employment [J]. Journal of Comparative Economics, 2003, 31 (2): 315 - 331.

[223] Zhang X, Yang J, Thomas R. Mechanization outsourcing clusters and division of labor in Chinese agriculture [J]. China Economic Review, 2017, 43: 184 - 195.

[224] Zhang X, Yang J, Wang S. China has reached the Lewis turning point [J]. China E-

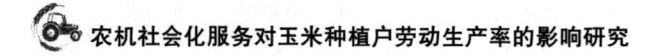

conomic Review, 2011, 22 (4): 542 - 554.

[225] ZhouX, Ma W, Li G, et al. Farm Machinery Use and Maize Yields in China: An Analysis Accounting for Selection Bias and Heterogeneity [J]. Australian Journal of Agricultural and Resource Economics, 2020, 64 (4): 1282 - 1307.

附　　录

附表1　2017—2021年主要农业政策文件关于社会化服务政策的论述

文件	有关社会化服务政策的提法与论述	成文时间
《农业农村部办公厅关于开展农业社会化服务创新试点工作的通知》	以推动农业高质量发展为主题，以促进小农户和现代农业有机衔接为主线，以培育农业服务业战略性大产业为目标，鼓励地方因地制宜开展试点，积极探索创新农业社会化服务的业态、模式、机制，着力打造一批创新基地，培育一批创新组织，形成一批创新模式，树立发展农业社会化服务的行业标杆和县域样板，以点带面、示范引导农业社会化服务加快推进，更好地引领小农户和农业现代化发展。	2021年8月11日
《农业农村部关于加快发展农业社会化服务的指导意见》	发展农业社会化服务，是实现小农户和现代农业有机衔接的基本途径和主要机制，是激发农民生产积极性、发展农业生产力的重要经营方式，已成为构建现代农业经营体系、转变农业发展方式、加快推进农业现代化的重大战略举措。	2021年7月7日

续表

文件	有关社会化服务政策的提法与论述	成文时间
《中共中央 国务院关于全面推进乡村振兴加快农业农村现代化的意见》	加强农业科技社会化服务体系建设，深入推行科技特派员制度。打造国家热带农业科学中心。提高农机装备自主研制能力，支持高端智能、丘陵山区农机装备研发制造，加大购置补贴力度，开展农机作业补贴。	2021年1月4日
《关于加强农业科技社会化服务体系建设的若干意见》	以增加农业科技服务有效供给、加强供需对接为着力点，以提高农业科技服务效能为目标，加快构建农技推广机构、高校和科研院所、企业等市场化社会化科技服务力量为依托，开放竞争、多元互补、协同高效的农业科技社会化服务体系，促进产学研深度融合，为深化农业供给侧结构性改革、推进农业高质量发展和农业农村现代化、打赢脱贫攻坚战提供有力支撑。	2020年7月8日
《关于组织开展中国农业社会化服务平台试点工作的通知》	探索通过农服平台实现社会化服务供需双方信息线上对接、线下服务的有效运行模式，依托互联网把小农户引领到现代农业发展轨道；探索解决农业农村部门监管成本高、核查难度大等财政支持项目普遍面临的突出问题。通过试点，进一步完善农服平台功能，为全面推广使用积累经验。	2020年4月30日
《农业农村部 财政部关于做好2020年农业生产发展等项目实施工作的通知》	加快建设现代农业产业园和农业产业强镇，形成"点、线、面"结合、功能有机衔接的乡村产业振兴格局。促进家庭农场和农民合作社高质量发展，健全农业社会化服务体系，扶持带动小农户发展。	2020年4月14日

续表

文件	有关社会化服务政策的提法与论述	成文时间
《关于开展2019年度农业生产社会化服务项目绩效评价工作的通知》	施行分级开展绩效评价制度。我司对实施农业生产托管项目的省开展绩效评价，省级对实施农业生产托管项目的县开展绩效评价。	2020年3月23日
《新型农业经营主体和服务主体高质量发展规划（2020—2022年）》	加强农业生产性服务行业管理，切实保护小农户利益。加快推进服务标准建设，鼓励有关部门、单位和服务组织、行业协会、标准协会研究制定符合当地实际的服务标准和服务规范。加强服务组织动态监测，支持地方探索建立社会化服务组织名录库，推动服务组织信用记录纳入全国信用信息共享平台。	2020年3月3日
《关于发挥农业社会化服务组织优势全力做好抗疫保春耕工作的通知》	各地农业社会化服务组织发挥服务专业化、经营组织化、技术集成化等优势，积极开展防疫消杀、捐款捐物、生产托管，取得良好成效。	2020年3月3日
《2020年农村合作经济指导司工作要点》	围绕健全农业社会化服务体系，以推进农业生产托管服务为重点，完善政策举措，规范项目实施，加强示范引领，打造服务平台，推动行业提档升级，促进小农户与现代农业发展有机衔接。	2020年2月24日
《农业农村部关于落实党中央、国务院2020年农业农村重点工作部署的实施意见》	推动完善农业社会化服务扶持政策，支持面向小农户、大宗农作物和产粮大县开展生产托管服务，完成面积15亿亩次。通过政府购买服务、以奖代补等方式，培育一批农业科技服务企业、服务型农民合作社，支持村集体经济组织开展农业生产性服务。搭建区域性农业社会化服务综合平台，促进服务资源整合。	2020年2月10日

续表

文件	有关社会化服务政策的提法与论述	成文时间
《中共中央 国务院关于抓好"三农"领域重点工作确保如期实现全面小康的意见》	鼓励发展多种形式适度规模经营，健全面向小农户的农业社会化服务体系。	2020年1月2日
《关于开展农民合作社规范提升行动的若干意见》	支持农民合作社开展农业生产托管，为小农户和家庭农场提供农业生产性服务。	2019年9月4日
《农业农村部办公厅 财政部办公厅关于进一步做好农业生产社会化服务工作的通知》	组织实施农业生产社会化服务项目任务，支持农业生产托管发展，加快培育多元化服务组织，把小农户引入现代农业发展大格局，有效促进了农业增效农民增收，有力推动了服务规模经营和农业绿色发展。	2019年7月31日
《农业农村部关于加快推进农业机械化转型升级的通知》	大力发展农机社会化服务组织，创新作业服务模式，加快推进农机服务向农业生产全过程、全产业及农村生态、农民生活服务领域延伸。	2019年4月19日
《农业农村部 财政部关于做好2019年农业生产发展等项目实施工作的通知》	发展农业适度规模经营，健全农业生产社会化服务体系，扶持带动小农户发展。	2019年4月4日
《农业农村部关于毫不放松抓好2019年粮食生产的通知》	扶持和培育种粮大户、家庭农场、农民合作社等新型经营主体，加快发展农业生产性服务业，通过代耕代种、代育代插、联耕联种、土地托管等形式，推进粮食适度规模经营和集约化生产。	2019年2月27日

续表

文件	有关社会化服务政策的提法与论述	成文时间
《关于促进小农户和现代农业发展有机衔接的意见》	大力培育适应小农户需求的多元化多层次农业生产性服务组织,促进专项服务与综合服务相互补充、协调发展,积极拓展服务领域,重点发展小农户急需的农资供应、绿色生产技术、农业废弃物资源化利用、农机作业、农产品初加工等服务领域。	2019年2月21日
《中共中央 国务院关于坚持农业农村优先发展做好"三农"工作的若干意见》	支持供销、邮政、农业服务公司、农民合作社等开展农技推广、土地托管、代耕代种、统防统治、烘干收储等农业生产性服务。	2019年1月3日
《国务院关于加快推进农业机械化和农机装备产业转型升级的指导意见》	培育壮大农机大户、农机专业户以及农机合作社、农机作业公司等新型农机服务组织,支持农机服务组织开展多种形式适度规模经营,鼓励家庭农场、农业企业等新型农业经营主体从事农机作业服务。	2018年12月21日
《关于批准开展2018年农业产业强镇示范建设的通知》	在发展标准化规模化种养业中,要通过加入合作社、发展订单农业、开展生产托管等方式,直接带动农民发展、直接让农民受益。	2018年8月5日
《农业农村部办公厅关于做好2018年新型职业农民培育工作的通知》	围绕土地托管、农机作业、植保收获等社会化服务,培育专业服务型职业农民。	2018年6月11日
《关于做好2018年农业生产发展等项目实施工作的通知》	大力培育新型职业农民和新型农业经营主体,发展农业适度规模经营,健全农业生产社会化服务体系,扶持带动小农户发展,加快农业转型升级。	2018年5月4日

续表

文件	有关社会化服务政策的提法与论述	成文时间
《农业农村部办公厅关于做好2018年农机跨区作业管理和服务工作的通知》	充分发挥农机大户、家庭农场、农机合作社、农机作业公司等新型农机服务主体市场信息灵、组织能力强、服务质量好等优势,大力推广托管式、订单式、租赁式、"滴滴农机"式和"一条龙"全程机械化作业等服务方式,带动更多小农户便捷应用机械化高效生产方式。	2018年5月14日
《农村部关于大力实施乡村振兴战略加快推进农业转型升级的意见》	实施新型经营主体培育工程,培育发展示范家庭农场、合作社、龙头企业、社会化服务组织和农业产业化联合体,加快建设知识型、技能型、创新型农业经营者队伍。全面推广应用新型农业经营主体信息直报系统。鼓励新型经营主体通过土地流转、土地互换、土地入股等形式,扩大经营规模;支持各类服务组织开展土地托管、联耕联种、代耕代种、统防统治等直接面向农户的农业生产托管,扩大服务规模,集中连片推广绿色高效农业生产方式。	2018年1月18日
《中共中央 国务院关于实施乡村振兴战略的意见》	培育各类专业化市场化服务组织,推进农业生产全程社会化服务,帮助小农户节本增效。发展多样化的联合与合作,提升小农户组织化程度。	2018年1月2日
《农业部 发展改革委 财政部 国土资源部 人民银行 税务总局关于促进农业产业化联合体发展的指导意见》	支持家庭农场、农民合作社和龙头企业为农户提供代耕代种、统防统治、代收代烘等农业生产托管。	2017年10月13日

续表

文件	有关社会化服务政策的提法与论述	成文时间
《农业部 发展改革委 财政部关于加快发展农业生产性服务业的指导意见》	农业生产性服务是指贯穿农业生产作业链条，直接完成或协助完成农业产前、产中、产后各环节作业的社会化服务。加快发展农业生产性服务业，对于培育农业农村经济新业态，构建现代农业产业体系、生产体系、经营体系具有重要意义。	2017年8月16日
《农业部办公厅 财政部办公厅关于支持农业生产社会化服务工作的通知》	通过政策引导小农户广泛接受农业生产托管、机械化烘干等社会化服务，努力培育主体多元、竞争充分的农业生产社会化服务市场，集中连片地推进机械化、规模化、集约化的绿色高效现代农业生产方式，着力提高农业综合效益和竞争力，促进农业绿色发展和资源可持续利用。	2017年6月9日
《关于加快构建政策体系培育新型农业经营主体的意见》	加快培育新型农业经营主体，加快形成以农户家庭经营为基础、合作与联合为纽带、社会化服务为支撑的立体式复合型现代农业经营体系，对于推进农业供给侧结构性改革、引领农业适度规模经营发展、带动农民就业增收、增强农业农村发展新动能具有十分重要的意义。	2017年5月31日
《农业部办公厅关于做好2017年三夏农机跨区作业管理和服务工作的通知》	充分发挥农机合作社和农机大户等社会化服务组织市场信息灵、组织能力强、服务质量好等优势，大力推广订单作业、托管服务和"一条龙"全程机械化作业等服务方式，努力提高"三夏"农机作业的组织化程度。	2017年5月10日

续表

文件	有关社会化服务政策的提法与论述	成文时间
《农业部关于推进农业供给侧结构性改革的实施意见》	深入推进政府购买农业公益性服务机制创新试点,研究探索农业社会化服务管理规程指引,总结推广农业生产全程社会化服务试点经验,扶持培育农机作业、农田灌排、统防统治、烘干仓储等经营性服务组织,推进农业服务业发展。	2017年1月26日
《中共中央 国务院关于深入推进农业供给侧结构性改革加快培育农业农村发展新动能的若干意见》	大力培育新型农业经营主体和服务主体,通过经营权流转、股份合作、代耕代种、土地托管等多种方式,加快发展土地流转型、服务带动型等多种形式规模经营。总结推广农业生产全程社会化服务试点经验,扶持培育农机作业、农田灌排、统防统治、烘干仓储等经营性服务组织。	2017年2月5日

注:笔者根据政策文件搜集整理。